FILOSOFIA DA ARTE

A Metafísica da Verdade Revelada na Estética da Beleza

Huberto Rohden

TEXTO INTEGRAL

COLEÇÃO A OBRA-PRIMA DE CADA AUTOR

FILOSOFIA DA ARTE

Huberto Rohden

TEXTO INTEGRAL

MARTIN CLARET

CRÉDITOS

IDEALIZAÇÃO E COORDENAÇÃO
Martin Claret

ASSISTENTE EDITORIAL
Rosana Gilioli Citino

CAPA
Ilustração
Marcellin Talbot

MIOLO
Revisão
Durval Cordas

Projeto Gráfico
José Duarte T. de Castro

Direção de Arte
José Duarte T. de Castro

Editoração Eletrônica
Editora Martin Claret

Papel
Off-Set, 70g/m²

Impressão e Acabamento
PSI7

Editora Martin Claret Ltda. – Rua Alegrete, 62 – Bairro Sumaré
CEP: 01254-010 – São Paulo – SP
Tel.: (11) 3672-8144 – Fax: (11) 3673-7146

www.martinclaret.com.br / editorial@martinclaret.com.br

Agradecemos a todos os nossos amigos e colaboradores — pessoas físicas e jurídicas — que deram as condições para que fosse possível a publicação deste livro.

2ª REIMPRESSÃO – 2011

A história do livro e a coleção "A Obra-Prima de Cada Autor"

MARTIN CLARET

Que é o livro? Para fins estatísticos, na década de 1960, a UNESCO considerou o livro "uma publicação impressa, não periódica, que consta de no mínimo 56 páginas, sem contar as capas".

O livro é um produto industrial.

Mas também é mais do que um simples produto. O primeiro conceito que deveríamos reter é o de que o livro como objeto é o veículo, o suporte de uma informação. O livro é uma das mais revolucionárias invenções do homem.

A *Enciclopédia Abril* (1972), publicada pelo editor e empresário Victor Civita, no verbete "livro" traz concisas e importantes informações sobre a história do livro. A seguir, transcrevemos alguns tópicos desse estudo didático.

O livro na Antiguidade

Antes mesmo que o homem pensasse em utilizar determinados materiais para escrever (como, por exemplo, fibras vegetais e tecidos), as bibliotecas da Antiguidade estavam repletas de textos gravados em tabuinhas de barro cozido. Eram os primeiros "livros", depois progressivamente modificados até chegarem a ser feitos — em grandes tiragens — em papel impresso mecanicamente, proporcionando facilidade de leitura e transporte. Com eles, tornou-se possível, em todas as épocas, transmitir fatos, acontecimentos históricos, descobertas, tratados, códigos ou apenas entretenimento.

Como sua fabricação, a função do livro sofreu enormes modificações dentro das mais diversas sociedades, a ponto de constituir uma mercadoria especial, com técnica, intenção e utilização determinadas. No moderno movimento editorial das chamadas sociedades de consumo, o livro pode ser considerado uma mercadoria cultural, com maior ou menor significado no contexto socioeconômico em que é publicado. Enquanto mercadoria, pode ser comprado, vendido ou trocado. Isso não ocorre, porém, com sua função intrínseca, insubstituível: pode-se dizer que o livro é essencialmente um instrumento cultural de difusão de ideias, transmissão de conceitos, documentação (inclusive fotográfica e iconográfica), entretenimento ou ainda de condensação e acumulação do conhecimento. A palavra escrita venceu o tempo, e o livro conquistou o espaço. Teoricamente, toda a humanidade pode ser atingida por textos que difundem ideias que vão de Sócrates e Horácio a Sartre e McLuhan, de Adolf Hitler a Karl Marx.

Espelho da sociedade

A história do livro confunde-se, em muitos aspectos, com a história da humanidade. Sempre que escolhem frases e temas, e transmitem ideias e conceitos, os escritores estão elegendo o que consideram significativo no momento histórico e cultural que vivem. E, assim, fornecem dados para a análise de sua sociedade. O conteúdo de um livro — aceito, discutido ou refutado socialmente — integra a estrutura intelectual dos grupos sociais.

Nos primeiros tempos, o escritor geralmente vivia em contato direto com seu público, que era formado por uns poucos letrados, já cientes das opiniões, ideias, imaginação e teses do autor, pela própria convivência que tinham com ele. Muitas vezes, mesmo antes de ser redigido o texto, as ideias nele contidas já haviam sido intensamente discutidas pelo escritor e parte de seus leitores. Nessa época, como em várias outras, não se pensava na enorme porcentagem de analfabetos. Até o século XV, o livro servia exclusivamente a uma pequena minoria de sábios e estudiosos que constituíam os círculos intelectuais (confinados aos mosteiros durante o começo da Idade Média) e que tinham acesso às bibliotecas, cheias de manuscritos ricamente ilustrados.

Com o reflorescimento comercial europeu, nos fins do século XIV, burgueses e comerciantes passaram a integrar o mercado livreiro da época. A erudição laicizou-se e o número de escritores aumentou, surgindo também as primeiras obras escritas em línguas que não o latim e o grego (reservadas aos textos clássicos e aos assuntos considerados dignos de atenção). Nos séculos XVI e XVII, surgiram diversas literaturas nacionais, demonstrando, além do florescimento intelectual da época, que a população letrada dos países europeus estava mais capacitada a adquirir obras escritas.

Cultura e comércio

Com o desenvolvimento do sistema de impressão de Gutenberg, a Europa conseguiu dinamizar a fabricação de livros, imprimindo, em cinquenta anos, cerca de 20 milhões de exemplares para uma população de quase 10 milhões de habitantes, cuja maioria era analfabeta. Para a época, isso significou enorme revolução, demonstrando que a imprensa só se tornou uma realidade diante da necessidade social de ler mais.

Impressos em papel, feitos em cadernos costurados e posteriormente encapados, os livros tornaram-se empreendimento cultural e comercial: os editores passaram logo a se preocupar com melhor apresentação e redução de preços. Tudo isso levou à comercialização do livro. E os livreiros baseavam-se no gosto do público para imprimir, principalmente obras religiosas, novelas, coleções de anedotas, manuais técnicos e receitas.

Mas a porcentagem de leitores não cresceu na mesma proporção que a expansão demográfica mundial. Somente com as modificações socioculturais e econômicas do século XIX — quando o livro começou a ser utilizado também como meio de divulgação dessas modificações e o conhecimento passou a significar uma conquista para o homem, que, segundo se acreditava, poderia ascender socialmente se lesse — houve um relativo aumento no número de leitores, sobretudo na França e na Inglaterra, onde alguns editores passaram a produzir obras completas de autores famosos, a preços baixos. O livro era então interpretado como símbolo de liberdade, conseguida por conquistas culturais. Entretanto, na maioria dos países, não houve nenhuma grande modificação nos índices porcentuais até o fim da Primeira Guerra Mundial (1914/18), quando surgiram as primeiras grandes tiragens de um só livro, principalmente romances, novelas e textos didáticos. O número elevado de cópias, além de baratear o preço da unidade, difundiu ainda mais a literatura. Mesmo assim, a maior parte da população de muitos países continuou distanciada, em parte porque o livro, em si, tinha sido durante muitos séculos considerado objeto raro, atingível somente por um pequeno número de eruditos. A grande massa da população mostrou maior receptividade aos jornais, periódicos e folhetins, mais dinâmicos e atualizados, e acessíveis ao poder aquisitivo da grande maioria. Mas isso não chegou a ameaçar o livro como símbolo cultural de difusão de ideias, como fariam, mais tarde, o rádio, o cinema e a televisão.

O advento das técnicas eletrônicas, o aperfeiçoamento dos métodos fotográficos e a pesquisa de materiais praticamente imperecíveis fazem alguns teóricos da comunicação de massa pensarem em um futuro sem os livros tradicionais (com seu formato quadrado ou retangular, composto de folhas de papel, unidas umas às outras por um dos lados). Seu conteúdo e suas mensagens (racionais ou emocionais) seriam transmitidos por outros meios, como por exemplo microfilmes e fitas gravadas.

A televisão transformaria o mundo todo em uma grande "aldeia" (como afirmou Marshall McLuhan), no momento em que todas as sociedades decretassem sua prioridade em relação aos textos escritos. Mas a palavra escrita dificilmente deixaria de ser considerada uma das mais importantes heranças culturais, entre todos os povos.

Através de toda a sua evolução, o livro sempre pôde ser visto como objeto cultural (manuseável, com forma entendida e interpretada em função de valores plásticos) e símbolo cultural (dotado de conteúdo, entendido e interpretado em função de valores semânticos). As duas maneiras podem fundir-se no pensamento coletivo, como um conjunto orgânico (onde texto e arte se completam, por exemplo, em um livro de arte) ou apenas como um conjunto textual (onde a mensagem escrita vem em primeiro lugar — em um livro de matemática, por exemplo).

A mensagem (racional, prática ou emocional) de um livro é sempre intelectual e pode ser revivida a cada momento. O conteúdo, estático em si, dinamiza-se em função da assimilação das palavras pelo leitor, que pode discuti-las, reafirmá-las, negá-las ou transformá-las. Por isso, o livro pode ser considerado instrumento cultural capaz de liberar informação, sons, imagens, sentimentos e ideias através do tempo e do espaço. A quantidade e a qualidade de ideias colocadas em um texto podem ser aceitas por uma sociedade, ou por ela negadas, quando entram em choque com conceitos ou normas culturalmente admitidos.

Nas sociedades modernas, em que a classe média tende a considerar o livro como sinal de *status* e cultura (erudição), os compradores utilizam-no como símbolo mesmo, desvirtuando suas funções ao transformá-lo em livro-objeto. Mas o livro é, antes de tudo, funcional — seu conteúdo é que lhe dá valor (os livros de ciências, filosofia, religião, artes, história e geografia, que representam cerca de 75% dos títulos publicados anualmente em todo o mundo).

O mundo lê mais

No século XX, o consumo e a produção de livros aumentaram progressivamente. Lançado logo após a Segunda Guerra Mundial (1939/45), quando uma das características principais da edição de um livro eram as capas entreteladas ou cartonadas, o livro de bolso constituiu um grande êxito comercial. As obras — sobretudo *best sellers* publicados algum tempo antes em edições de luxo — passaram a ser impressas em rotativas, como as revistas, e distribuídas nas bancas de jornal. Como as tiragens elevadas permitiam preços muito baixos, essas edições de bolso popularizaram-se e ganharam importância em todo o mundo.

Até 1950, existiam somente livros de bolso destinados a pessoas de baixo poder aquisitivo; a partir de 1955, desenvolveu-se a categoria do livro de bolso "de luxo". As características principais destes últimos eram a abundância de coleções — em 1964 havia mais de duzentas, nos Estados Unidos — e a variedade de títulos, endereçados a um público intelectualmente mais refinado. A essa diversificação das categorias adiciona-se a dos pontos de venda, que passaram a abranger, além das bancas de jornal, farmácias, lojas, livrarias, etc. Assim, nos Estados Unidos, o número de títulos publicados em edições de bolso chegou a 35 mil em 1969, representando quase 35% do total dos títulos editados.

Proposta da coleção “A Obra-Prima de Cada Autor”

“Coleção” é uma palavra há muito tempo dicionarizada e define o conjunto ou reunião de objetos da mesma natureza ou que têm alguma relação entre si. Em um sentido editorial, significa o conjunto não limitado de obras de autores diversos, publicado por uma mesma editora, sob um título geral indicativo de assunto ou área, para atendimento de segmentos definidos do mercado.

A coleção “A Obra-Prima de Cada Autor” corresponde plenamente à definição acima mencionada. Nosso principal objetivo é oferecer, em formato de bolso, a obra mais importante de cada autor, satisfazendo o leitor que procura qualidade.*

Desde os tempos mais remotos existiram coleções de livros. Em Nínive, em Pérgamo e na Anatólia existiam coleções de obras literárias de grande importância cultural. Mas nenhuma delas superou a célebre biblioteca de Alexandria, incendiada em 48 a.C. pelas legiões de Júlio César, quando estas arrasaram a cidade.

A coleção “A Obra-Prima de Cada Autor” é uma série de livros a ser composta por mais de 400 volumes, em formato de bolso, com preço altamente competitivo, e pode ser encontrada em centenas de pontos de venda. O critério de seleção dos títulos foi o já estabelecido pela tradição e pela crítica especializada. Em sua maioria, são obras de ficção e filosofia, embora possa haver textos sobre religião, poesia, política, psicologia e obras de autoajuda. Inauguram a coleção quatro textos clássicos: *Dom Casmurro*, de Machado de Assis; *O Príncipe*, de Maquiavel; *Mensagem*, de Fernando Pessoa; e *O lobo do mar*, de Jack London.

Nossa proposta é fazer uma coleção quantitativamente aberta. A periodicidade é mensal. Editorialmente, sentimo-nos orgulhosos de poder oferecer a coleção “A Obra-Prima de Cada Autor” aos leitores brasileiros. Nós acreditamos na função do livro.

---

* Atendendo a sugestões de leitores, livreiros e professores, a partir de certo número da coleção começamos a publicar, de alguns autores, outras obras além da sua obra-prima.

Introdução

PROF. ANTONIO AURESNEDI MINGHETTI*

Que obra de arte é o homem: tão nobre no raciocínio;
tão vário na capacidade; em forma e movimento,
tão preciso e admirável, na ação é como um anjo;
no entendimento é como um Deus; a beleza do mundo;
o exemplo dos animais.

HAMLET, WILLIAM SHAKESPEARE

Honrosa distinção concedeu-me o editor Martin Claret, permitindo aqui exarar conceitos sobre esta magnífica obra de Huberto Rohden: *Filosofia da Arte*. O autor, além de pontificar mais uma vez seu notório saber na área da filosofia, proporciona um inigualável deleite em sua leitura, um trabalho fluente de transcendental importância para todos os que buscam respostas à imbricação da Arte com o homem dentro de uma visão univérsica.

Tomei contato com a *Filosofia da Arte* e com a obra de Rohden há vinte anos, em minhas aulas de Estética, e desde então suas

---

* Professor de Estética, Crítica da Arte, Tradução Semiótica, Teorias da Arte Contemporânea e Música, da FL Universidade Regional de Blumenau, e da UNIPLAC — Universidade do Planalto Catarinense.

palavras não mais saíram de minha mente, fazendo, desde o ano de 2000, parte integrante e necessária das minhas aulas de Artes.

Com rara propriedade, a filosofia da arte de Rohden descreve a beleza por meio da peragração do artista e de sua obra em torno do Verbo da Verdade que se avizinha no horizonte de todo crente. Esta obra não se presta a consignar uma atitude presunçosa e signatária de uma única e incontestável verdade, muito pelo contrário, serve de lastro para a construção de possíveis verdades a partir de conceitos perspectivos e harmônicos, concomitante à vida vivida e à realidade fenomênica de cada um de seus leitores. Dessa forma, não causará nenhum estranhamento a germinação de novas idéias despertadas a partir de sua leitura e se estas, inseridas em sua órbita, abrilhantarem com vigor adicional a idéia de um porvir das artes.

A tônica de Rohden ao inserir como subtítulo *A metafísica da verdade revelada na estética da beleza* dá a amplitude dessa verdade na panorâmica do Cosmos, afirmando que *a filosofia da arte só pode ser compreendida como parte integrante da Filosofia do Universo*.

Rohden vê a arte como fonte de catarse e de iluminação constante, insubstituível para o homem em seu descobrir-se no mundo. Entende Rohden essa função catártica da arte como uma purificação do ser humano, impuro não na gênese, mas em suas relações com o mundo que lhe é dado, e do qual pela arte deve se abstrair ante uma perspectiva errônea dessa existência apartada do Todo. Rohden põe de início em sua obra uma pergunta de partida: *Como pode uma parte do Universo (o homem) ser impura, feia, má, se o Universo como um Todo é puro, belo e bom?*

Nessa magna visão, Rohden aponta para a arte maior, a arte da própria vida, e para o maior artífice, o Criador. A arte presta-se a essa condução da visão unilateral da vida para uma visão onilateral. O sentido de vivenciar experienciando o momento vivido, com a consciência livre de coercitividades, reifica a humanidade ante um existir de seres conscientes. Essa onivisão confirma o dito de Ortega y Gasset, quando afirma ser o homem tão-somente enquanto um ser em circunstâncias com outros homens; se só, ele não existe tal como o conhecemos. Adicione-se a essa visão o dito de Pietro Ubaldi em sua obra *A grande síntese*:

> A arte representa sempre a face exterior da alma humana, do mistério do infinito que nela se agita. Como tudo o que existe tem

um rosto, expressão da alma, uma revelação do pensamento divino em que o universo fala incessantemente, assim a arte é revelação do espírito: tanto mais valerá quanto mais a forma for transparente e simples. Quanto menos se fizer sentir a si mesma tanto mais a idéia será substancial e poderosa na eternidade, vinculada à lei cósmica, impondo-se à forma. Fenômeno estreitamente ligado às fases ascensionais ou às involuídas do espírito, a arte apaga-se quando o espírito adormece, porque só nele reside sua inspiração. A arte é espírito e a matéria a mata. O materialismo a matou, agora tem de renascer. (Ubaldi, 1999, p. 358)

Em Rohden o homem, enquanto criatura e criador, não existe fora do estofo da humanidade, nem a humanidade fora da vida, tampouco a vida fora do universo. O objeto de arte e o sujeito fundem-se e transformam-se mutuamente numa arte univérsica; querendo ou não, nessa experiência o homem encontra-se e olha a si próprio em tudo o que vê, sente que é parte harmônica de uma arte ilimitada e em construção permanente, a Arte do Cosmos. Essa fusão singular não deseja ser o espelho do mundo, mas sim um renovar constante deste, em sua criação dinâmica. Com Mikel Dufrenne, em sua obra *Estética e filosofia*, encontramos:

O objeto estético resume e exprime numa qualidade afetiva inexprimível a totalidade sintética do mundo: ele me faz compreender o mundo ao compreendê-lo em si mesmo, e é por intermédio de sua mediação que eu o reconheço antes de conhecê-lo e que eu nele me reencontro antes de me ter encontrado. (Dufrenne, 2004, p. 53)

De Pico della Mirandola (1463-1494), humanista da Renascença, passando por William Shakespeare, até o filósofo Frithjof Schuon, no século XX, a arte seria em seu sentido mais amplo uma dimensão natural e necessária à condição humana, uma projeção da perfeição, verdade e beleza no mundo das formas, senão uma projeção de arquétipos. No mesmo grau, Rohden vê o homem ontológico, uma autoforma que se auto-realiza permanentemente no formar a si, revelando o caráter formativo e estético permanente da vida, e pondo-o em equilíbrio com o universo. Rohden não abdica do egocentrismo humano ao citar que nenhum efeito poderá ser maior que sua causa, mas aponta para uma artisticidade inerente a todo esse operar humano, muito mais a essa experiência humana de vida vivida que requer um viver com arte regido por condicionantes extrínsecos à sua realidade sensível.

Rohden faz uma advertência capital ao leitor desta obra, principalmente no capítulo que tematiza a fenomenologia. A substituição da tradicional palavra latina *creare* pelo neologismo moderno "criar" é aceitável no nível da cultura primária, mas não o é no nível da cultura filosófica, porque é grande a diversidade de sentido. Crear é a manifestação da Essência em forma de existência, indica a transição do Todo Universal para alguma parcela individual, ao passo que criar é a transição ou transformação de uma parte finita para outra parte finita. O poder infinito é do Creador do Universo, o poder limitado pelo conteúdo já existente é do homem. Com essa afirmação, Rohden corrige a ortografia da Lei de Lavoisier: *Na natureza nada se crea, nada se aniquila, tudo se transforma*. Isso significa que não é dada ao homem a possibilidade de creação do concreto a partir da nadificação, o que fatalmente leva sua Filosofia da Arte a ter por objetivo fundamental individualizar em forma concreta o Universal Abstrato, para daí concluirmos que o Universal é a Verdade e o individual é a Beleza, o Estético.

Rohden parafraseia a Bíblia, *O verbo que se faz carne...*, para buscar uma definição que atinge o seu mais alto grau de imanência: *A filosofia da Arte é uma permanente encarnação do Verbo da Verdade em Beleza*, e justifica que, em sendo o Infinito Universal um todo que origina os Finitos Individuais, deverá o verdadeiro artista realizar em si e em sua obra dois requisitos fundamentais; o primeiro é o de visualizar a essência abstrata em todas as existências concretas, e o segundo é exprimir, em alguma forma individual, a realidade universal. O homem é um microcosmo feito à imagem e semelhança do macrocosmo, isso no âmbito de seu aspecto externo, quantitativo, e não na sua realidade interna, qualitativa, na qual aqui ele é de princípio um macrocosmo. Isso significa que, embora obstado pela grandeza física, o homem é ilimitado em suas qualificações mentais.

Rohden, ao integrar os sentidos de microcosmos e macrocosmos em sua busca do homem total, caminha por aspectos da psicologia moderna, sem sair da filosofia guiada por Henri Bergson, numa busca à Vida Potencial na qual o homem *Lógos* e *Ratio* é agido pelo Infinito e age nos finitos.

Rohden cita em várias passagens o termo *Alteridade*, isto é, o *alter ego*, o *outro de si*, aqui entendido como alteridade. A Alteridade surgiu como disciplina na segunda metade do século passado, embora já estivesse presente no frontispício do délfico grego *NOSCE TE IPSUM* ("conhece a ti mesmo"); retomado por Rohden nesta obra, é um chamamento ao homem, para tomar o sentido de si: *In te redi, in interiore homine habitat veritas*. Esse conhecimento de si está ligado ao outro que habita o mesmo corpo, e que vem a ser experienciado, sentido, vivido na interioridade. Um espelho no qual a vida interior se reflete no *Eu*, uma visão que aparece e se esconde, pela qual a alma entra no mundo visível. Na alteridade, as operações da imaginação se dão no ponto de encontro entre a consciência e a corporeidade, ambas no sentir que se faz experiência auto-estética.

> Se o homem, na experiência estética, não realiza necessariamente sua vocação, ao menos manifesta melhor sua condição. [...] Essa experiência revela sua relação mais profunda e mais estreita com o mundo, e nela reconciliamo-nos com nós mesmos. Essa experiência se situa, na origem, naquele ponto em que o homem, confundido inteiramente com as coisas, experimenta sua familiaridade com o mundo. (Dufrenne, *loc. cit.*, p. 25)

Em Rohden não encontramos a intangibilidade de verdades eternas. Na natureza do Universo, ele encontra a única base autêntica para a filosofia da arte, bem como para qualquer espécie de atividade humana, e o que não estiver nessa freqüência não é verdadeiro, bom ou belo. O fato de não haver círculos no cosmos leva Rohden a lançar a teoria das elipses, na qual tudo é bipolar, o bicentrismo, e neste inserir a filosofia da arte, que é a verdade abstrata da Verdade Universal, enquanto a arte é uma ação concreta da Beleza Individual.

> O segredo de uma grande arte consiste em saber realizar o milagre da revelação do mistério das coisas; em saber exprimi-lo à luz dos sentidos, após íntima e profunda comunhão com o mistério que palpita na alma do artista. Este tem de ser um vidente, normal no supranormal, onde tudo é espírito e nossa concepção de vida comum não chega. A nova grande arte deve ser integral: presume o artista total, o super-homem que realizou sua maturação biológica; não o agnóstico, o meramente técnico, mas o espírito completo sob todos os aspectos. É indispensável que o homem tenha englobado

em si a visão do universo, e nela tenha atingido as mais profundas concepções de vida. (Ubaldi, *loc. cit.*)

Nessa linha, a filosofia de Rohden é o processo de saber por experiência imediata e direta, o sabor da suprema e última *Realidade*, e esse saborear se chama Verdade. A verdade é a experiência que o homem tem da realidade, e esse saborear nunca poderá ser feito em sua totalidade apenas pelos sentidos, nem somente pelo intelecto; há que se acrescentar a faculdade intuitiva da razão, que é o reflexo individual da Realidade Universal no homem.

Arte é, portanto, ação ou atividade, e o artista é alguém que age, num agir dentro de um processo concreto, individual, pois não se pode agir abstrata e universalmente, e esse agir do homem é o segundo centro da elipse; o primeiro é o ver do filósofo.

Na leitura da obra rohdeniana, em especial o focar a vida como arte, somos adentrados em conceitos que envolvem a fenomenologia e o existencialismo. Dessa forma, alocamos o pensamento de Huberto Rohden no mesmo plano de autores consagrados que influenciaram todo o pensamento filosófico do século XX, tais como Heidegger, Paul Ricoeur, Gillo Dorfles, Luc Ferry, Merleau-Ponty, Hannah Arendt, Jacques Derrida e outros de mesma relevância, nos quais encontramos conceitos que fundamentam o modo fenomenológico de ver, compreender e vivenciar o caminho que leva ao conhecimento na busca da essência da vida humana.

Entendemos nesta inferência da obra de Rohden que evidentemente seria uma atroz aporia de nossa parte acreditar ter exaurido ou ter a competência necessária para, nesta parca introdução, definir o conteúdo desta magna obra. Cremos apenas servir de veículo para uma visão mais focada em seu itinerário, preenchendo uma lacuna abissal em discussões que envolvam a própria vida como uma grande Obra de Arte. Rohden não indica caminhos, traçou-os àqueles que procuram uma verdade na vida vivida em Arte.

Advertência

A substituição da tradicional palavra latina *crear* pelo neologismo moderno *criar* é aceitável em nível de cultura primária, porque favorece a alfabetização e dispensa esforço mental — mas não é aceitável em nível de cultura superior, porque deturpa o pensamento.

Crear é a manifestação da Essência em forma de existência — *criar* é a transição de uma existência para outra existência.

O Poder Infinito é o *creador* do Universo — um fazendeiro é *criador* de gado.

Há entre os homens gênios *creadores*, embora não sejam talvez *criadores*.

A conhecida lei de Lavoisier diz que "na natureza nada se *crea* e nada se aniquila, tudo se transforma", se grafarmos "nada se *crea*", esta lei está certa mas, se escrevemos "nada se *cria*", ela resulta totalmente falsa.

Por isto, preferimos a verdade e clareza do pensamento a quaisquer convenções acadêmicas.

Filosofia da Arte

A Metafísica da Verdade Revelada na Estética da Beleza

Aviso prévio

Avisamos o leitor que a Filosofia da Arte, como nós a concebemos, é baseada na própria constituição do Universo, ou seja, na Filosofia Univérsica.

O Universo, como a própria palavra diz, é Uno *em sua Essência Infinita, e* verso *(diversos) em suas existências finitas.*

Esta visão do Universo é filosofia no seu Uno central, e arte no seu verso periférico, ou seja, a unidade abstrata de essência filosófica se manifesta no Verso concreto das existências artísticas.

A verdade do Uno na beleza dos versos — é esta a quintessência da Filosofia da Arte.

O Uno sem o verso seria monotonia, o verso sem o Uno seria caos. Mas, quando a unidade se manifesta em variedades, aparece a harmonia cósmica, que é a característica da verdadeira Arte.

Através dos séculos, o homem tem feito inúmeras explorações entre o Uno da essência e o verso das existências, resultando um sem-número de tipos de arte; cada uma tem os seus cultores e praticantes.

Neste livro não tomamos atitudes pró ou contra este ou aquele tipo de arte, deixando ao leitor as suas predileções; o que dizemos neste livro serve de base a qualquer Filosofia da Arte.

Sendo a Filosofia, acima de tudo, racional, e a arte, de preferência, emocional, é inevitável que cada homem propenda mais ou menos para este ou aquele tipo de arte.

A Filosofia da Arte pode ser simbolizada graficamente por um ponto (Uno) que se dispersa em muitos raios (verso), lembrando o Universo.

Nosso roteiro

Quando, em princípios de 1965, fui convidado para ministrar um curso de Filosofia da Arte, na Escola Nacional de Belas Artes, do Rio de Janeiro, aceitei o convite, na convicção de poder desenvolver esse tema separadamente, como assunto independente de outras disciplinas.

Em breve, porém, me convenci de que a Filosofia da Arte só pode ser compreendida como parte integrante da Filosofia Univérsica, devendo ser projetada sobre a vastíssima tela panorâmica do próprio Cosmos, uno em sua essência e múltiplo em suas existências.

Assim, na seqüência dessas aulas perante professores e alunos daquele departamento da Universidade do Brasil, vi-me obrigado a invadir altitudes e profundidades e a espraiar-me por amplitudes que, de início, nada pareciam ter em comum com o meu tema.

Essas aulas foram gravadas e, mais tarde, mimeografadas e distribuídas aos interessados. Agora aparecem, um tanto modificadas, em forma de livro.

A Filosofia da Arte abarca, literalmente, todos os setores do pensamento humano. Nenhuma das conclusões poderá ser devidamente compreendida senão sobre premissas cósmicas, aparentemente alheias ao assunto.

Há diversos decênios que, dentro e fora do Brasil, estou tratando, em livros, conferências e aulas, dos mistérios do UNIVERSO, do UNO e dos (di)VERSOS que perfazem este grandioso Cosmos, eqüidistante da monotonia unitária e do caos diversitário — este grandioso Cosmos, que é unidade na diversidade, e diversidade na unidade, isto é, harmonia universitária, ou, como prefiro dizer, harmonia univérsica.

Nos meus livros e nos cursos de filosofia, não me guio por nenhuma escola, nem por algum filósofo, antigo ou moderno; guiome unicamente pela mais maravilhosa palavra que existe em língua latina: UNIVERSO — o UNO da causa derramado na PLURALIDADE dos efeitos.

Também neste curso sobre Filosofia da Arte adotei como base e roteiro a própria constituição cósmica do Universo. Nestes dois substantivos — *filosofia* e *arte* — reaparecem os dois componentes de UNIVERSO: o uno e o múltiplo, a unidade da visão na pluralidade da ação.

Theoria é a palavra grega para visão.

Praxis quer dizer ação.

Sophia é o substantivo grego para sapiência ou sabedoria; *philos* é amigo. Filosofia é amor à sabedoria.

Arte deriva do verbo latino *agere*, agir.

Filosofia é visão (*theoria*) universal.

Arte é ação (*praxis*) individual.

A filosofia da arte tem, pois, por objetivo fundamental individualizar em forma concreta o Universal abstrato.

O Universal é a Verdade — o individual é a Beleza.

O *Verbo* que se faz *carne*...

A filosofia da arte é uma permanente encarnação do Verbo da Verdade em Beleza.

Sendo que o Infinito Universal existe em todos os Finitos Individuais, deve o verdadeiro artista realizar em si e em sua obra estes dois requisitos fundamentais:

— visualizar a essência abstrata em todas as existências concretas,

— exprimir, em alguma forma individual, a realidade universal.

A primeira tarefa (*theoria*) é do gênio — a segunda (*praxis*) é do talento.

O gênio é a visão, ou concepção — o talento é a execução ou parturição.

O gênio conceptivo manifesta a sua inspiração por meio do talento executivo.

O UNO da visão genial se revela no VERSO da ação talentosa.

O artista é, por excelência, o homem univérsico.

Uno em diversidade — diverso em unidade.

UNI-VERSO.

CAPÍTULO 1

A constituição do Universo como base da filosofia e da arte

Nenhuma atividade humana é genuína e autêntica a não ser que se baseie na Constituição Cósmica do Universo — o Universo em seu aspecto de Causa e Efeito, de Essência e Existência, de Infinito e Finito, de Brahman e Maya.

O Universo, como a própria palavra diz, é *Unidade* e *Diversidade* — é *uno* em *diversos*.

Unidade sem diversidade — é monotonia.

Diversidade sem unidade — é caos.

Unidade com diversidade — é harmonia.

O Universo é um sistema de harmonia ou equilíbrio dinâmico, que lhe garante perpetuidade e indefectível juventude.

O homem é um *microcosmo* feito à imagem e semelhança do *macrocosmo*.

Os termos gregos "micro" e "macro" — pequeno e grande — se referem ao aspecto externo, *quantitativo*, do homem e do mundo, e não à sua realidade interna, *qualitativa*. No seu aspecto de qualidade interna é o homem antes macrocosmo que microcosmo, porquanto a verdadeira grandeza ou pequenez se medem em termos de *intensidade*, e não de *extensidade*. Quanto mais intenso é o grau de consciência de um ser, tanto mais alta é a escala da sua hierarquia. Aqui no planeta Terra é o homem, sem dúvida, o ser de mais alta intensidade consciente, e por isso lhe compete o qualificativo de macrocosmo (grande mundo), no sentido qualitativo e intensivo, embora seja microcosmo (pequeno mundo) no plano da quantidade e da extensidade.

Do mundo dos *fatos* — diz Einstein — não conduz nenhum caminho para o mundo dos *valores*. Mas — poderíamos acrescentar — do mundo dos valores há caminho para o mundo dos fatos.

Valor é qualidade, fato é quantidade. Valor é intensidade, fato é extensidade. Valor é um *mais*, fato é um *menos*. A Matemática admite que se derive um *menos* de um *mais*, mas não vice-versa.

Intensidade qualitativa pode criar extensidade quantitativa, mas esta não pode produzir aquela.

O *uno* pode gerar os *diversos* — mas estes não podem produzir aquele.

Há um *Universo* — mas não há um *Versuno*.

O *uno* é dativo e ativo — o *diverso* é apenas receptivo e passivo.

Na Constituição Cósmica do Universo, o uno é o Infinito Doador — os diversos são os Finitos Receptores.

Diz a Bhagavad Gita que Brahman (o Infinito) é o Pai eterno que lança suas sementes no seio de Maya (a Natureza Finita).

O Uno simboliza o Infinito, o Absoluto, a Causa, a Essência — os diversos representam os Finitos, os Relativos, os Efeitos, as Existências.

As *teologias* convidam seus adeptos a *crerem* num Deus-Creador.

A filosofia conduz os seus discípulos a *saberem* que da Essência una do Universo emanam as existências várias, e que essa verdade não é objeto de *crença* e de boa vontade — mas sim postulado de *sapiência* e de suprema racionalidade.

O teólogo crê — o filósofo sabe.

Crer é penúltimo — saber é último.

Saber não é apenas inteligir, analisar — saber é saborear, viver experiencialmente a própria Realidade, o Infinito enquanto imanente no Finito.

Saber ou saborear é sentir a misteriosa afinidade entre o *sujeito cognoscente* e o *objeto cognoscível* (ou cognoscido, conhecido).

Essa afinidade entre o cognoscente e o cognoscível é uma *identidade* parcial entre esses dois, porém não total. Sendo que o cognoscente atinge o cognoscível apenas no plano da *Imanência Finita*, e não em sua *Transcendência Infinita*, é claro que conhecer nunca é uma identificação completa e total entre o cognoscente e o cognoscível (ou cognoscido); é apenas uma identificação parcial, incompleta, porque restrita ao aspecto finito do Infinito, à Imanência da Transcendência.

O Finito conhece apenas finitamente o Infinito. Nenhum finito pode conhecer infinitamente o Infinito — uma vez que "o conhecido está no cognoscente segundo o modo do cognoscente”, e esse modo cognoscitivo do finito não pode deixar de ser finito.

Sendo que a Constituição do Universo é transcendente em sua Unidade, e imanente em sua Diversidade, a filosofia da arte tem de refletir, de algum modo, estes dois elementos univérsicos: *o Infinito da Transcendência pelos Finitos da Imanência*.

O verdadeiro filósofo-artista, como já dissemos, deve ser capaz de ver o Infinito em qualquer Finito, e, por outro lado, saber exprimir em forma concreta a Realidade abstrata.

Quem dissocia o concreto do abstrato, ou este daquele, falsifica a filosofia e a arte.

Quem identifica o Concreto Finito com o Abstrato Infinito não é filósofo nem artista.

Somente aquele que descobre que o Infinito está parcialmente em todos os Finitos, e que qualquer Finito está totalmente no Infinito — só este faz juz ao título de filósofo-artista.

É, pois, necessário que o filósofo-artista possua *ultravidência* e *introvidência* — que veja o Infinito em todos os Finitos, e saiba dar Forma Concreta ao Amorfo Abstrato.

O Amorfo, o Abstrato, o Infinito é uma espécie de *alma*, que deve vivificar todos os *corpos* das Formas, dos Concretos, dos Finitos.

Alma não é homem.

Corpo não é homem.

Alma e corpo, organicamente fundidos num Todo, é que constituem o homem.

É o que acontece, *mutatis mutandis*, na filosofia da arte.

* * *

Não há *círculos* no Universo — há somente *elipses*.

No Universo tudo é bipolar.

Átomos e astros giram em trajetórias bicêntricas, nenhum deles conhece órbita unicêntrica.

A elipse bicêntrica diz *harmonia*.

O círculo unicêntrico seria *monotonia*.

Monotonia é passividade e morte.

Harmonia é atividade e vida.

Ora, se a Constituição do Universo é elíptica — una e diversa —, como poderia o microcosmo humano deixar de refletir o macrocosmo atômico-sideral?

Artista que queira ser apenas *uno* em sua obra, ou apenas *diverso*, é *acósmico*, e até anti-univérsico.

Sê fiel a ti mesmo, sendo fiel ao Universo! — é este o imperativo categórico de todo filósofo-artista. Não te divorcies da verdade e da fidelidade que deves a ti mesmo! Não cometas adultério contigo mesmo! Sê *cosmogâmico*! Celebra as tuas núpcias com o Universo e mantém inviolável fidelidade a esse teu conúbio univérsico!...

* * *

Mas...

Aqui se ergue a enigmática esfinge... Aqui surge a grande pergunta:

Como ter experiência desse caráter bipolar, elíptico, do Cosmos? Como viver o mundo como sendo *uno* e *diverso*, univérsico?

Como?

Do mesmo modo que uma *antena receptora* tem experiência da longínqua *estação emissora*, sintonizando e captando as ondas emitidas, isto é, aquela parcela de vibrações que a antena possa captar e reproduzir.

O que na antena metálica é *heteronomia mecânica*, na antena humana é *autonomia dinâmica*. O *alo-determinismo inconsciente* daquela passa a ser *auto-determinação consciente* nesta.

A antena metálica recebe o seu grau de receptividade na oficina do mecânico — mas a antena humana faz a sua receptividade, maior ou menor, no laboratório do seu livre-arbítrio.

Todos os Finitos são canais ou antenas — *somente* o Infinito é Fonte e Emissora. Mas, quanto mais o Finito consciente se aproxima do Infinito Onisciente, tanto mais também ele se torna fonte, embora derivado da Fonte do Infinito. E assim recebe e retransmite.

A experiência da antena humana é diretamente proporcional à sua capacidade receptiva; ela é responsável pela captação, perfeita ou imperfeita, da música cósmica irradiada pela Emissora Cósmica, que sempre funciona com perfeição.

Podemos reduzir a três ondas fundamentais as irradiações da Emissora do Universo, a saber:

— onda vital,
— onda mental,
— onda racional.

A substância do Universo é *vida*, *pensamento* e *razão*.

Os mais atrasados julgam que o mundo seja *matéria*.

Outros descobriram que ele é *vida*.

Um cientista moderno diz que, desde Isaac Newton até Einstein, o Universo parecia ser uma grande máquina — ao passo que hoje parece ser um grande *pensamento*.

Hermes Trismegisto, o grande Toth do Egito, dois mil anos antes da era cristã, disse a seus discípulos que a essência do Universo é *espírito*, racionalidade, o "Lógos" de Heráclito de Éfeso, dos filósofos alexandrinos e do quarto Evangelho.

Vida, *inteligência*, *razão* — é esta a quintessência do Universo.

O *organismo* vivo capta parcela maior ou menor da Vida do Cosmos e a concretiza em vida individual.

A *inteligência* capta da substância mental do Universo as vibrações adaptadas à sua capacidade e as apresenta em forma de pensamentos.

A antena *razão* reage à invisível vibração da substância espiritual do Cosmos, manifestando-a em forma de inspiração mística.

Vida, pensamento, inspiração — é esta a substância vibratória do Universo, e cada indivíduo capta aquela faixa vibratória de que a sua natureza é capaz.

Que é que o filósofo-artista capta dessa substância Infinita do Cosmos e reproduz em formas finitas?

CAPÍTULO 2

A Filosofia da Arte como visão universal manifestada em ação individual

A natureza do Universo, como dizíamos, é a única base autêntica para a filosofia e a arte, como, aliás, para toda e qualquer espécie da atividade humana. O que não está de acordo com a Constituição Cósmica do Universo não é verdadeiro, bom e belo.

A natureza do Universo, porém, é, como dizíamos, elíptica. Não há círculos no cosmos, há tão-somente elipses. Tudo é bipolar, nada é unipolar. Átomos e astros traçam suas órbitas em elipses bicêntricas. O círculo tem um único centro, a elipse é bicêntrica.

A filosofia da arte tem de ser, pois, como o próprio Universo — bipolar, ou seja, *univérsica*.

A filosofia é uma visão abstrata da Verdade Universal.

A arte é uma ação concreta da Beleza Individual.

São estes os dois pólos da filosofia da arte — a verdade abstrata manifestada em beleza concreta.

Que quer dizer filosofia?

A palavra filosofia, repetimos, vem de dois vocábulos gregos: *philos* (amigo) e *sophia* (sabedoria). O filósofo é, pois, amigo da sabedoria.

Que é sabedoria?

A palavra latina *sapientia*, de que derivamos sapiência ou sabedoria, vem do verbo *sapere*, que quer dizer saborear, tomar o gosto ou ter sabor. Quando dizemos "isto sabe a...", ou "esta comida me sabe bem", voltamos ao sentido primitivo da palavra "saber" (*sapere*).

Sapiência ou sabedoria é, pois, o ato de saborear ou tomar o sabor.

Filosofia é o processo de saber por experiência imediata e direta o sabor da suprema e última Realidade, e esse saborear se chama Verdade.

A Verdade é a experiência que o homem tem da Realidade.

Pela Verdade o homem saboreia diretamente a Realidade, isto é, o Ser, o Absoluto, o grande Todo.

Esse saborear direto da Realidade nunca poderá ser feito pelos *sentidos* nem pelo *intelecto* — é feito pela faculdade intuitiva da razão, que os gregos chamam *Lógos*, os hindus *Atman*, os romanos *Ratio*.

Lógos, *Atman*, *Ratio*, *Razão* — são o reflexo individual da Realidade Universal no homem.

A harmonia entre o meu pensamento, ou a minha experiência, e a Realidade se chama *Verdade*. A desarmonia se chama *erro*. A ausência tanto da harmonia como da desarmonia chama-se *ignorância*.

Toda a natureza infra-humana, subconsciente ou inconsciente, se acha em estado de *ignorância*.

O homem-ego pode achar-se em estado de *erro* ou de verdade parciais.

Somente o homem-Eu atinge o estado de *verdade* sem erro.

O filósofo integral seria, portanto, o homem que tivesse atingido as alturas duma Verdade Total, duma perfeita harmonia entre a sua experiência individual e a Realidade Universal. E, por isso, poderia ele dizer "Eu sou a Verdade", pelo fato de se acharem ele e a Realidade perfeitamente sintonizados pela mesma vibração.

* * *

Que é Arte?

Arte (em latim *ars*, *artis*) vem de *agere*, que quer dizer agir.

Arte é, pois, ação ou atividade. O artista é alguém que age, é um agente.

Agir é um processo concreto, individual.

Não se pode agir abstrata e universalmente.

Esse *agir* do artista é o segundo centro da elipse, cujo primeiro centro é o *ver* do filósofo.

Em termos gregos, diríamos que a filosofia da arte é *theoria* (visão) e *praxis* (ação).

A *theoria*, ou visão, é a meta longínqua que o filósofo, em sua ultravidência genial, colima.

A *praxis*, ou prática, é o método que o artista emprega para atingir essa meta e expressar concretamente a sua visão abstrata.

A visão é do *gênio* — a ação é do *talento*.

O verdadeiro filósofo-artista é um gênio-talento. Um vidente-agente.

* * *

Surge a pergunta: que é que o gênio vê ou visualiza longinquamente, para servir de meta à ação propínqua do talento executor?

O vidente genial visualiza, em sua poderosa *theoria*, o que é *Real* em todos os *Realizados*, o *Infinito* em todos os *Finitos*, o *Abstrato Universal* em todos os *Concretos Individuais*.

E, com isto, atingimos a culminância do nosso tema. O verdadeiro filósofo-artista deve ser capaz de intuir, visualizar ou sentir a presença do Universal-Infinito em todos os Individuais-Finitos. Deve, por exemplo, sentir a presença da *Vida* (Universal) em qualquer ser *vivo* (Individual). Deve possuir a faculdade da introvisão, introspecção ou intuição, que ultrapasse a percepção dos sentidos e a concepção do intelecto, e atinja o âmago, o cerne da suprema e última Realidade, para além de todas as pseudo-realidades das aparências externas testificadas pelos sentidos e pelo intelecto.

Essa faculdade intuitiva existe em todos os homens, porque é a essência da natureza humana; mas em pouquíssimos homens da presente geração se acha essa faculdade suficientemente desenvolvida para exercer um impacto ponderável e decisivo sobre a totalidade da vida humana. No Cristo, que era o *Lógos*, se achava essa faculdade plenamente amadurecida; por isso era ele o "filho do homem", isto é, o homem por excelência, o homem plenamente realizado pela racionalidade integral, incorporando em si a percepção dos sentidos e a concepção da inteligência.

O verdadeiro artista tem de visualizar, pois, o *Todo invisível* em todas as *Partes visíveis*.

E, por outro lado, deve ser capaz de exprimir de algum modo concreto esse conteúdo abstrato; deve dar forma ao sem-forma, nome ao inominado, colorido ao incolor; deve saber manifestar o imanifesto, visibilizar o invisível. E, nesse processo, não se trata de nenhuma espécie de fantasia ou autodecepção; o artista não deve tentar injetar, impingir, induzir algo em sua visão; deve *eduzir* algo de dentro da Realidade; deve *eduzir* algumas gotas, maiores ou menores, do mar imenso da Realidade visualizada em genial *theoria*. Se o Infinito não estivesse presente em todos os Finitos, e se estes

Finitos não estivessem totalmente imersos no Infinito, não poderia o artista *eduzir* de dentro da Realidade Infinita uma parcela Finita.

Acima de tudo, portanto, deve o artista ter experiência da Constituição Cósmica do Universo. Se ele vive na ilusão dualista, muito comum no Ocidente, de que o Infinito seja algo justaposto aos Finitos e deles separado; ou se, por outro lado, cai na ilusão panteísta, assaz comum no Oriente, de que o Infinito seja a soma total dos Finitos, coincidindo em seu *âmbito* mútuo — se o artista vive em uma ou outra dessas ilusões, não poderá, sem violentação íntima, visualizar o Infinito em qualquer Finito, nem enxergar este como imanente naquele.

Para que o artista possa agir *universicamente*, deve ele passar pela vivência íntima, experiencial, profundamente verdadeira, de que o Universo é o que seu nome diz: UNO em todos os DIVERSOS, que é perfeita UNIDADE em todas as DIVERSIDADES.

Unidade sem diversidade é monotonia.

Diversidade sem unidade é caos.

Unidade na diversidade é harmonia.

O Universo é essencialmente harmonia, *kosmos*, como diziam os gregos, isto é, *beleza* da ordem. Os romanos deram ao Universo o nome de *mundus*, que quer dizer, puro (o contrário é *immundus*, ou impuro); o Universo é, segundo eles, uma grande *pureza*, uma bela pureza, ou uma pura beleza — *kosmos* e *mundus* —, porque intensa unidade na mais extensa diversidade.

UNI-VERSO!

A palavra *verso* é o particípio passado do verbo latino *vertere*, que quer dizer verter, derramar. O Universo é, pois, um UNO derramado em MUITOS. Nós, é verdade, percebemos em primeiro lugar os MUITOS, derramados pelo mundo externo dos nossos sentidos e do nosso intelecto; e só muito mais tarde chegamos a descobrir o UNO para além, ou melhor, dentro desses múltiplos.

O artista tem de ser, portanto, um homem avançado em evolução; deve ser capaz de visualizar, em genial *theoria*, o centro único do cosmos dentro das suas periferias múltiplas; e, depois de enxergar, pelo poder do gênio, essa latente unidade do Todo, deve também, pelo poder do talento, exprimir, no plano do mundo fenomenal, essa unidade em pluralidade, esse Abstrato em forma Concreta.

Todo artista deve ser um Universo bipolarizado, uma elipse bicêntrica, como os átomos e os astros, como todas as coisas que perfazem o cosmos.

Visão e Ação!

Quando um raio de luz incolor passa por um prisma triangular, aparece essa luz incolor, do outro lado, como luzes multicores, das quais a nossa retina percebe sete cores diferentes, desde o vermelho até o violeta. Para além das fronteiras do vermelho e o violeta nada percebem os nossos olhos; entretanto, a ciência provou, por meio de instrumentos de alta potência, que existem, nessa zona para nós invisível, milhões e bilhões de cores.

O verdadeiro artista é como um prisma, voltado para o Infinito do Incolor e para os Finitos do Multicor, apanhando pela sua genialidade a Luz Incolor do Abstrato, e dispersando, pelo seu talento, essa Luz Única nas cores múltiplas da sua concretização externa.

Artista que não seja plenamente *univérsico* não é artista verdadeiro.

Como causa e efeito, como Uni-verso, como Infinito e Finito, como *agente* ativo e *agido* passivo, o mundo é eterno e indestrutível; o Uno gera a pluralidade, e esta é sustentada pela unidade; Brahman gera Maya, e Maya é gerada por Brahman. A eterna Essência crea todas as Existências temporárias; estas *existem* porque aquela *é*. E, como o eterno *Ser* nunca poderá deixar de *Agir*, por isso as Existências temporárias continuarão sempre a existir.

Quando o artista, em visão genial, atinge o Infinito imanente nos Finitos, e quando ele, em ação talentosa, dá forma concreta à sua visão abstrata, então é ele *creador*, levando as águas da Fonte Universal (UNO) através de canais individuais (VERSO).

O gênio, quando inoperante, não é creador.

O talento, como simples executor, não é creador.

Creador é tão-somente o gênio-talento, que concebe pela visão do gênio e faz nascer pela ação do talento.

Auguste Rodin, o grande escultor francês, costumava dizer a seus discípulos, num ateliê de Paris: "Apoderai-vos das regras da técnica, e depois esquecei-as todas e cedei à inspiração!"

Esquecer é mandar para o subconsciente, de onde essas técnicas do talento continuam a exercer o seu impacto sobre a inspiração do gênio. Essas técnicas, no princípio, estão na zona luminosa do consciente; mas, se depois não descessem à zona penumbral do subconsciente, causariam interferências perturbadoras sobre a inspiração; por isso, é necessário que essas técnicas do talento mergulhem no subsolo do inconsciente, donde irradiarão os seus benefícios rumo ao superconsciente do gênio; e este, sem ter noção consciente das técnicas, mas agindo em sua direção, realiza pela alma invisível o corpo visível.

O gênio, como veremos mais tarde, é, em última análise, o próprio espírito cósmico, que atua como espírito humano. Os antigos imaginavam o gênio como um *genos*, como uma entidade do espaço cósmico, que, em dado momento, se apoderava do homem e lhe segredava ao ouvido o que devia fazer e como o devia fazer. O *genos* era considerado como um agente separado do homem, alheio à sua personalidade, razão porque uma obra genial era considerada como uma creação cósmica, e não como um produto da pessoa humana. No fundo, era verdadeira essa concepção, porque, de fato, o gênio não é a pessoa do ego humano, embora seja o indivíduo, o Eu. Mas, como esse Eu individual do homem lhe é, geralmente, desconhecido, quando funciona parece um ignoto *Além Cósmico*, feito de pura *alteridade*, sem nenhuma *identidade*, totalmente alheio ao ego consciente. É dificílimo distinguir do grande *Além-de-fora* o grande *Além-de-dentro*, embora a transcendência daquele seja a imanência deste. Todos os exímios Iluminados e Inspirados que o mundo conhece eram amigos de prolongado silêncio e solidão, porque só nesse ambiente é que o homem consegue auscultar a "voz do silêncio", que é do grande Além-de-dentro.

Artista que não seja um grande amigo do silêncio auscultativo, do silêncio dinâmico da plenitude, nunca poderá ser artista genial.

O gênio habita no silêncio da Verdade — que se revela, pelo talento, na voz da Beleza.

O Infinito é silêncio — os Finitos são ruído.

Silêncio é Fonte — ruído é canal.

Silêncio é *qualidade* — que se manifesta pelo ruído das *quantidades*.

Silêncio é o "1" da plenitude que plenifica a vacuidade dos "000" (zeros) do ruído, valorizando com o seu valor os desvalores.

Visão da Verdade que se manifesta na ação da Beleza.

CAPÍTULO 3

A grande *katharsis* pela arte integral

Muito se tem falado e escrito sobre a função catártica da arte. *Katharsis* é a palavra grega para *purificação*.

Catártico é purificador.

Como é que a arte purifica?

E de que é que ela purifica o homem?

E, mais importante ainda, por que o homem é impuro? Se o homem faz parte integrante do Universo, e se o Universo é puro, por que é o homem impuro?

Os romanos, além da maravilhosa palavra "Universo" – *um em diversos* – chamavam o mundo "puro", ou "*mundus*". Conservamos em português a palavra "mundo" (impuro), mas perdemos o adjetivo "mundo" no sentido de "puro". Os romanos consideravam o Universo como a grande pureza, como o "*mundus*" – assim como os gregos o apelidavam de "*kosmos*", isto é, "beleza" (cf. cosmético). A beleza, para o heleno, consistia antes na forma do que na cor. O substantivo alemão *Gestalt*, hoje tão usado na psicologia e na arte, corresponde mais ou menos ao termo grego *kosmos*; ambos se referem a uma beleza de forma e constelação, a um jogo de simetria e assimetria, a um contraste de positivo e negativo. O Universo, para o espírito helênico, era uma harmonia de formas e de movimentos, que ele apelidava de "*kosmos*".

O Universo é "puro" e é "belo".

E, se este é o caráter do Todo, a parte só pode ser pura e bela enquanto revestir e revelar a índole do Todo. Enquanto a parte está em harmonia e consonância com o Todo, é ela pura e bela; quando perde essa harmonia, torna-se impura e feia.

Puro e belo é, pois, harmonia cósmica — impuro e feio é desarmonia cósmica.

Esse, aliás, é também o conceito ético de bom ou mau. Bom é aquilo que harmoniza com o Todo; mau é aquilo que desarmoniza. Em inglês, "holy" (santo) é aquilo que está afinado pelo "whole" (todo, inteiro); em alemão, "heilig" (santo) é aquilo que é "heil" (todo, inteiro).

Pode uma parte do Universo puro ser impura?

É aqui que esbarramos com o maior enigma da filosofia, da teologia e da psicologia. Como pode uma parte do Universo — digamos, o homem — ser impura, feia, má, se o Universo como um Todo é puro, belo, bom?

Liberdade, livre-arbítrio, autodeterminação — que tenebroso mistério encerram estas palavras! Se nada disso houvesse no âmbito do Universo, não haveria possibilidade do impuro, do feio, do mau.

O mais profundo substrato do Universo parece, por conseguinte, ser *dualidade* e não *unidade*, como estabeleceu a filosofia e religião de Zoroastro (Zaratustra), proclamando os dois princípios eternos da Luz e das Trevas (*Ahura-Mazda* e *Ahriman*), do Bem e do Mal, de Deus e do Diabo, em interminável conflito.

Filosoficamente, é impossível admitir a idéia de que a Divindade seja somente boa, e não também má; ela não pode ser eticamente boa, excluindo o eticamente mau; a Divindade, como diz Nietzsche, está *"jenseits von gut und boes"* (para além do bem e do mal); ela, como escreve Bertrand Russell, é neutra; mas, assim como a eletricidade neutra compreende tanto o positivo como o negativo, assim também a Divindade não é atualmente boa nem má, mas é potencialmente isto e aquilo. Deus, que é a manifestação individual da Divindade Universal, é bom, assim como o antideus, o diabo, é mau, por ser este o pólo negativo de Deus, e ambos individuações da Divindade neutra ou universal, como já escrevia, no segundo século da era cristã, o grande Orígenes de Alexandria, na sua obra *Apokatástasis* (reabilitação).

No plano neutro, universal, na zona da "Tese", não há nada puro nem impuro, não há o belo nem o feio, não há o bem nem o mau; mas na zona individual pode haver tudo isso.

A Natureza subconsciente (ou inconsciente) nada sabe dessa dicotomia, porque se acha em estado de neutralidade inconsciente, que é harmonia automática com o Todo. O Inconsciente da Natureza está sempre harmonizado com o Oniconsciente da Divindade.

Maya não hostiliza Brahman.

A hostilidade começa com *Atman* (Eu), enquanto este se acha no estágio evolutivo incompleto de *Aaham* (ego). Neste ponto, a filosofia de Gautama Buda, expressa nas "Quatro Verdades Nobres", é o que há de mais profundo. Moisés, nos primeiros capítulos do Gênesis, também toca, embora ligeiramente, nesse problema multimilenar sobre a origem do mal. Tanto Buda como Moisés buscam as raízes do mal na origem do *ego consciente* (serpente, lúcifer), e prevêem o seu fim no despertar do *Eu cosmoconsciente* (Cristo, Lógos, Verbo).

O historiador britânico Arnold Toynbee, no seu livro *An Historian's Approach to Religion* (na tradução, *A religião e a história*), diz: "O egocentrismo participa, evidentemente, da essência da vida terrestre. Um ser vivo pode ser definido como uma peça secundária subordinada ao Universo; esse ser, com grande esforço, se desligou parcialmente do resto e se estabeleceu como um poder autônomo, que luta, até o limite da sua capacidade, para conseguir que o resto do Universo satisfaça os seus propósitos egoístas. Com outras palavras: todo ser vivo luta por se transformar num centro do Universo, e, assim agindo, estabelece a rivalidade com todos os outros seres vivos, com o próprio Universo, que é a própria Realidade que fundamenta os fenômenos transitórios.

Para todo ser vivo é esse egocentrismo uma das necessidades da vida, porque é indispensável à existência da creatura. A renúncia absoluta ao egocentrismo acarretaria, para cada ser vivo, uma extinção total desse sentido individual da vida, no tempo e no espaço (embora isso não implique na extinção da Vida em si mesma)".

Até aqui Toynbee quer dizer que o egocentrismo é a quintessência da vida individual de qualquer creatura; existir individualmente é ser egoísta; deixar de ser egoísta é deixar de existir. Logo, "o egocentrismo", continua o historiador, "é uma necessidade da vida, e é ao mesmo tempo um pecado". A tradução portuguesa pôs "uma fraqueza" em vez de "um pecado" (*a sin*, em inglês), adulterando o sentido do autor. Confirmou-se, assim, mais uma vez o ditado italiano "*tradutore traditore*" (tradutor é traidor). Toynbee não considera esse egocentrismo do ser vivo como uma fraqueza, mas precisamente como a força máxima da sua existência individual, força que lhe garante a existência, e sem a qual o indivíduo deixaria de existir.

Gautama Buda compreendeu nitidamente essa verdade. Compreendeu também que todo pecado tem dois aspectos: *culpa* e *pena*, a culpa do egoísta livremente cometida, e a pena do sofredor necessariamente infligida pela constituição do cosmos. Onde não há culpa livre, não há pena necessária, como acontece nos reinos da Natureza infra-humana. Com o homem começa a culpa do egocentrismo livremente cometida pelo egoísta pecador, e por isso, na humanidade, a pena, o sofrimento, pode ter caráter de penalidade, necessariamente conseqüente à culpabilidade. Buda parece apregoar como remédio ao sofrimento, não a extinção da culpa — que ele acha impossível —, mas a extinção do culpado, isto é, a sua *desexistência*, o afogamento da existência individual no Ser Universal, que os budistas chamam *nirvana*, ou quietação, e a que Arnold Toynbee deu o nome de *eutanásia mística*. Parece haver muita lógica nessa filosofia budista-nirvânica; pois, se a existência individual é o grande mal do homem, então a extinção dessa existência individual pelo mergulho na Essência Universal (Brahman) deve ser o grande bem. Já que a doença parece ser incurável, a solução está na matança do doente; só com a morte do ego, veículo do egoísmo, é que acaba o mal.

A sabedoria da Bhagavad Gita (como aliás também a do Evangelho) não endossa essa solução; esses dois livros máximos da humanidade recomendam a *sobrevivência do culpado* e a *extinção da culpa*, a fim de subtrair o fundamento à pena; mandam viver e trabalhar intensamente, mas renunciar totalmente a qualquer desejo egoísta, como sejam os resultados externos e objetivos. "Trabalha intensamente, mas renuncia a cada passo aos frutos do teu trabalho" (Bhagavad Gita). "Quando tiverdes feito tudo que devíeis fazer, dizei: somos servos inúteis; cumprimos a nossa obrigação; nenhuma recompensa merecemos por isto" (Evangelho).

Nem os orientais vivem, geralmente, a Bhagavad Gita, nem os ocidentais obedecem, por via de regra, ao Evangelho.

Bergson, no seu livro *As duas fontes, a da religião e a da moral*, frisou novamente essa solução da tragédia existencial do homem.

* * *

Logo, a grande "impureza", o "mal", a "fealdade" de que a arte deve libertar o homem não é algo inerente à própria existência individual do homem; a arte deve libertá-lo duma concepção ou perspectiva errônea dessa existência. Uma existência separada do Todo e hostil ao Todo é culpa que acarreta pena; mas essa culpa não faz parte integrante da existência individual, ela é resultante de uma concepção unilateral e incompleta da existência; a culpabilidade está, pois, na visão imperfeita da existência, e não na própria existência.

Se a arte é catártica, tem de levar o homem de uma visão *unilateral* da vida para uma visão *onilateral*, de uma visão parcial para uma visão total. O parcial é o mal, o pecado, a culpa — o total é o bem, a redenção, a felicidade.

Totalidade é santidade.

Mas... de que modo poderá a arte levar o homem de uma visão parcial para uma visão total da existência?

Somente a arte *genial* é capaz de cumprir essa tarefa redentora do homem.

A natureza infra-humana vive numa permanente *simpatia* ou *simbiose inconsciente* com o grande Todo; ela é inocentemente egocêntrica, professa um egoísmo biológico restrito pelo círculo férreo de um instinto automático, subordinado à Constituição Cósmica do Universo; e por isso o egocentrismo da natureza não é destruidor nem pecador; vai por toda a natureza uma guerra de equilíbrio, mas não uma guerra de extermínio. É a *simbiose* do natural com o Total.

O homem-ego entrou na zona da *antipatia* ou *antibiose consciente*; o ego quer fazer de si o centro do Universo, guerreando o resto do Universo, ao redor de si, na humanidade; abaixo de si, na natureza; e, acima de si, na Divindade. E por que o homem-ego professa esse separatismo e essa hostilidade? Simplesmente por ignorância, não por uma pleni-ignorância, que é do ego pecador. Esse estado de penumbra matutina, que é o ambiente do nosso ego personal, tem luz suficiente para possuir ego-consciência, mas não tem luz suficiente para a cosmo-consciência, que o libertaria da culpa.

A verdadeira arte tem de levar o homem da semiconsciência para a pleniconsciência, da visão parcial da verdade sobre si mesmo para a visão total, porque somente a visão da verdade total é que libertará o homem.

A função catártica ou purificadora da arte tem de consistir, portanto, num processo de *integração*, de *plenificação*, de *totalização*.

Whole is holy.

Heil ist heilig.

Totalidade é santidade.

Egoísmo consciente é impureza e universalismo consciente é pureza.

Se a arte consegue levar o homem da visão parcial do egoísmo para a visão total do universalismo, exercerá sobre ele um impacto catártico.

* * *

Essa função catártica, aliás, não procede somente da arte genial, mas de toda e qualquer experiência de caráter universal e cosmificante, como, por exemplo, na *Matemática Superior*. Verifiquei, durante a minha convivência com Einstein, que esse homem era duma grande pureza ética, isento de egoísmo de ambição, de vaidade, de cobiça, de suscetibilidade doentia, e de outras misérias geradas pela miopia do ego. Quem vive longos decênios num Universo de idéias sem partido nem seita, num cosmos de ilimitada amplitude, pouco a pouco se identifica com esse mundo de largueza, pureza e beleza, primeiro em pensamentos, depois em desejos, e, finalmente, pela vivência cotidiana. Todo homem é o produto dos seus pensamentos habituais, sobretudo quando esses pensamentos assumem o caráter de idéias permanentes, e essas idéias aparecem oneradas de emotividade; quando as idéias da mente se transformam em ideais do coração, não tardam a aparecer em forma de realidades da vida.

É sabido que a verdadeira *mística*, sendo de caráter universal como seu objeto, crea uma ética vasta e desinteressada. A mística é uma visão universal, cujo complemento individual é a prática da ética, não de uma moral mercenária, que espera ser recompensada, antes ou depois da morte, mas uma ética inteiramente destituída de qualquer expectativa de prêmio ou temor de castigo.

A arte integral participa da índole da mística e da Matemática. Pode, pois, universalizar ou cosmificar o homem. E o homem assim liberto das suas peias é um homem bom, puro, belo e feliz.

Pode ser, entretanto, que a mais genial das artes não produza no espectador nenhum impacto catártico, porque, para tal efeito, deve haver receptividade. Só pode receber quem é receptivo. O próprio Cristo, com toda a sua genialidade místico-ética, não produziu efeito libertador e purificador sobre os seus discípulos, durante a sua vida terrestre. A libertação veio mais tarde, lentamente, necessitando de três longos anos de incubação preliminar para, finalmente, romper em eclosão. E para que se desse essa eclosão final foi necessário que a presença visível do Mestre se transformasse numa presença invisível: "Convém a vós que eu me vá, porque, se não for, não virá a vós o espírito da verdade, que tomará do que é meu e vo-lo fará saber". O sopro individual era a presença visível de Jesus necessária para a incubação; o sopro universal era a presença invisível do Cristo, necessária para a eclosão: "Estou convosco todos os dias até a consumação dos séculos".

* * *

A purificação libertadora do homem processa-se, geralmente, por meio de três estágios evolutivos: da *escravidão inconsciente*, através da *escravidão consciente*, até a *libertação consciente*.

A natureza infra-humana se acha em estado de escravidão inconsciente. A lei férrea da causalidade mecânica reduz todos os seres infra-umanos a peças de máquina, autômatos incondicionais; em todos os setores da natureza, mineral, vegetal, animal, impera absoluto alo-determinismo.

Com o despontar da inteligência, isto é, com o advento do homem, a escravidão inconsciente passou para uma escravidão consciente — e com isso se iniciou a tragédia metafísica do homem-ego. Quem não sabe que é escravo não sofre com sua escravidão; quem nasceu na prisão e nunca saiu dela, quem nem sequer olhou pela janela gradeada, nunca viu o azul do céu lá fora, esse é escravo inconsciente, vive na feliz infelicidade duma servidão ignorada. O homem-ego, porém, já descobriu o seu cárcere, já olhou pelas grades férreas da prisão, já conhece as suas potencialidades libertadoras, mas não tem ainda a força necessária para romper as grades da prisão e apoderar-se da liberdade longínqua.

No terceiro estágio da sua evolução, o homem-Eu vive a sua liberdade; ultrapassa não só a infeliz felicidade da natureza inconsciente, mas também a feliz infelicidade do homem-ego consciente, e entra na zona da feliz felicidade do homem-Eu pleniconsciente da sua liberdade.

Parece que a presença da arte genial intensifica no homem a consciência da "gloriosa liberdade dos filhos de Deus" e lhe dá a certeza de que essa liberdade é a sua herança natural, o seu direito de cidadão cósmico; diz-lhe que ele é intimamente livre, embora seja ainda externamente escravo.

E é por isso que a presença da arte genial suscita no homem receptivo um sentimento mesclado de alegria e tristeza, de felicidade e infelicidade, de sorrisos e de lágrimas — um misto estranho de nostalgia e saudades anônimas... Parece-lhe ouvir o tanger de sinos longínquos... Percebe convites a que não pode ainda atender... Sabe que tem asas de águia que ainda não pode abrir... Mas, através de todas as suas impotências, sente ele a sua potência, a sua longínqua onipotência libertadora, e essa certeza lhe dá uma alegria e felicidade tão profundas e sinceras que o liberta das escórias do velho ego escravizante — ódios, inimizades, planos de vingança, cobiças, ambições, preocupações com a vida econômica, ressentimentos —; tudo desaparece como por encanto, quando um homem receptivo sai de uma sinfonia de Beethoven, de uma ópera de Wagner, de uma Ave-Maria de Schubert; ou quando sugou em silêncio os eflúvios imponderáveis de uma maravilha de pintura ou escultura; ou quando entreouviu nas entrelinhas de um poema inspirado os ecos cósmicos do Universo, soberanamente livre, puro e feliz...

Nesses momentos eternos, tem o homem vontade de abraçar o mundo inteiro, realizar a fraternidade universal dos homens sob a paternidade única de Deus... Tem vontade de fazer felizes todos os infelizes, e tornar mais felizes ainda os que já são felizes... Esquece-se de si mesmo, do seu ego personal, porque está diluído no Eu universal, na sua imponderável substância cósmica, no seu eterno e indestrutível Fluido Univérsico...

Universalidade, liberdade, pureza, santidade, felicidade — tudo isso é o mesmo, nesses momentos eternos, quando o homem consegue ver os mundos que se espraiam lá fora das grades da sua prisão... Sobre as asas brancas da arte, sente o homem o que ele *é* e esquece-se do que *tem*... Torna-se ele um autêntico e puro EU SOU. E esse EU SOU é imensa liberdade, pureza, beatitude.

* * *

Como consegue o homem realizar esse conúbio da sua consciência individual com a Consciência Universal? Ou melhor: quais os requisitos para crear esse ambiente propício em que se possa realizar tamanha maravilha? Como pode o homem ultrapassar a estreiteza do seu *semiconsciente mental* de hoje e submergir na vastidão do seu *pleniconsciente espiritual* de amanhã?

A resposta que dermos a essa pergunta será a solução do problema central de tudo que se chama religião, filosofia, arte, ioga, etc.

Antes de tudo, é imperioso evitar a ilusão funesta de que a vertical da *supraconsciência espiritual* do homem-Eu seja simplesmente a soma total, ou a adição, de todas as *consciências mentais* do plano horizontal do homem-ego.

A soma total das horizontalidades não dá verticalidade. Aqui, o Todo não é um composto dos seus componentes parciais; essa aritmética *quantitativa* não tem aplicação no mundo *qualitativo*.

É necessário que o homem ultrapasse todas as suas egoidades conscientes e se torne apto para receber o influxo de algo que está para além de todas essas egoidades; porquanto o Infinitivo não é um composto de muitos Finitos. O horizontalismo do homem-ego, por mais vasto e intenso, jamais resultará na verticalidade do homem-Eu; falta-lhe o "ângulo reto" que medeia entre o horizontal do "0" e a vertical do "90".

A verticalidade da supraconsciência do Eu espiritual não é uma simples *continuação* da horizontal da consciência do ego mental — é um novo *início*, algo inédito, virgem, original, um *fiat lux* creador de novos mundos, é a misteriosa gênese de algo ainda não-existente, e que o homem-Eu faz existir.

Iniciação não é *continuísmo* — é um novo início. Há uma tremenda *heterogeneidade* na iniciação espiritual, que nada tem de *homogeneidade*. Todas as antigas identidades do ego cederam a essa nova *alteridade* do Eu.

Iniciação não é "remendo novo em roupa velha", na linguagem do Nazareno; é uma túnica inconsútil, inteiriça, integralmente nova.

O "homem novo" não é o "homem velho" precariamente remendado com um pouco de moral melhor — um pouco menos egoísta, menos cobiçoso, um pouco mais caritativo, filantrópico —; não! Ele é um homem fundamentalmente novo, a "nova creatura em Cristo".

Em face disso parece inútil querer fazer algo para provocar a iniciação espiritual, uma vez que esta é uma graça, um presente gratuito, vindo de regiões ignotas, do eterno anonimato do Além.

Essa aparente inutilidade de qualquer esforço, que é a força e a fraqueza da filosofia do Oriente, parece justificar a conhecida passividade e inércia dessa parte da humanidade.

Entretanto, não é verdade que o homem-ego, de consciência mental, nada possa fazer para que nele se realize o homem-Eu, de supraconsciência espiritual. Se a iniciação é *gratuita*, ela não é *arbitrária*. Ela não me acontece simplesmente, sem a minha cooperação. A iniciação é gratuita, de graça, no sentido de não poder ser merecida, causada pelo ego — uma vez que nenhum efeito pode ser maior que sua causa —, mas, por outro lado, a iniciação também não é arbitrária, acontecendo a esmo, à toa, sem nenhuma espécie de contribuição da parte do homem. O Universo é um sistema de ordem, e nada no Universo acontece *casualmente* — tudo acontece *causalmente*.

O que acontece de graça não tem causação *interna*, mas tem causalidade *externa*, chamada geralmente *condição*.

Quem abre uma janela rumo ao sol terá uma sala iluminada pela luz solar, mas ninguém dirá que foi o abrimento da janela que causou essa iluminação da sala; a janela aberta é uma *condição* para que a *causa*, o sol, possa produzir o seu *efeito* na sala. Quem confunde *causa* com *condição* está fora da lógica.

O que o homem-ego faz, em virtude do seu consciente mental, nunca poderá ser causa de algo espiritual, da graça, mas isso não impede que seja condição para que a graça, o poder do Infinito, possa agir no mundo dos Finitos.

Nenhum homem pode *causar* ou merecer um dom espiritual, mas todo homem pode e deve *condicionar* o advento da graça, isto é, crear um ambiente propício para que o mundo espiritual atue sobre o mundo mental. Deve "abrir uma janela" rumo ao sol.

O ego, como todo Finito, é um *canal*; fonte é somente o Infinito.

Para que as águas da fonte fluam através do canal, deve este ligar-se à fonte; não pode, certamente, produzir a água, mas pode canalizá-la em certa direção.

Segundo a Constituição Cósmica do Universo, o Infinito flui através dos Finitos; estes são canais, aquele é fonte.

Voltando ao conceito da arte, esta, quando verdadeira, revela a *imanência* do Infinito em todos os Finitos. E, quando o *Transcendente* se torna *Imanente*, quando o *longínquo Ser* aparece como um *propínquo Conhecer*, quando o *além-nismo da Verdade* se manifesta como *aquém-nismo de Beleza*, então se dá a grande libertação dentro do homem, porque a Verdade é libertadora. — "Conhecereis a Verdade, e a Verdade vos libertará."

A Verdade total é Essência e Existência; sabedoria universal em poesia individual; filosofia revelada como arte. Todos os nossos cativeiros, todas as nossas prisões são produtos da ignorância, do erro, de pseudoverdades ou semiverdades. A verdade integral não conhece prisão, estreiteza, escravidão.

"Eu sou livre de tudo que sei", disse Spinoza, "e eu sou escravo de tudo que ignoro."

A arte tem, pois, um caráter *noético*, isto é, fornece novos conhecimentos. Não se conhece apenas pela *inteligência mental*, conhece-se também pela *inteligência emocional*; conhecemos não só pelo *entender*, mas também pelo *querer*, pelo *amor*. E, como a Verdade integral é a síntese do *entender mental* e do *querer* no *compreender* ou saber da *razão*, segue-se que a filosofia associada à arte é uma fonte de novos conhecimentos.

Entender mais *querer* dá *compreender*.

Entender é do intelecto.

Querer é da vontade.

Compreender é da razão.

Filosofia e arte são suprema racionalidade compreensiva.

A humanidade está numa dolorosa incubação — preludiando gloriosa eclosão.

Uma *katharsis* redentora!

CAPÍTULO 4

O belo e o feio são relativos?

É opinião quase geral que a denominação do belo e do feio seja um conceito meramente subjetivo, que essa apreciação seja puramente relativa, sem nenhum ponto de referência absoluto.

Perguntamos se há um critério ou padrão único e universal que transcenda o sentimento subjetivo e que nos permita dizer, com base no absoluto: isto é belo, aquilo é feio. Existe critério racional, ontológico?

Por mais estranho que pareça, afirmamos que existe esse padrão único e universal — embora seja raro o conhecimento humano dessa distinção ontológica.

Antes de tudo, é bem estranho que nenhum dos antigos pensadores de Atenas ou de Roma tenha dado ao Universo o qualificativo de *bom* (*agathós*, em grego; *bonus*, em latim); para todos eles, o Universo é *kosmos* (belo), ou *mundus* (puro).

Bom é um critério *ético*.

Belo e *puro* são critérios *estéticos*.

Quem é bom?

Bom é o finito quando está em harmonia com o Infinito, quando as partes harmonizam com o Todo.

Toda a natureza infra-humana — mineral, vegetal, animal — está em permanente harmonia com o Todo, e por isso a natureza é boa. Mas, como essa harmonia da natureza é inconsciente e involuntária, meramente automática e instintiva, segue-se que a natureza infra-humana é inconscientemente boa, possui um ser-bom neutro, instintivo, automático.

Com a natureza humana começa a possibilidade de um *ser-bom consciente* — que implica necessariamente na possibilidade de um *ser-mau consciente*. Quando o homem “comeu do fruto da árvore do conhecimento do bem e do mal”, isto é, quando adquiriu inteligência, personalidade, ego, então se bifurcou a linha única do *ser inconscientemente bom*, como a natureza, nas duas linhas de ser *conscientemente bom* ou *conscientemente mau*. Essa dupla possibilidade do homem-ego, de ser bom ou mau com consciente liberdade, parece ser uma desvantagem em face do caminho unilinear da natureza inferior, mas é uma grande vantagem, porque abre a porta para a possibilidade de ser, um dia, *conscientemente bom*, excluindo o fato de ser *conscientemente mau*, unindo assim as duas antíteses disjuntivas *bom-mau* na única síntese conjuntiva *bom*.

A natureza vive numa harmonia inconsciente com o Todo.

O homem-ego está oscilando entre desarmonia consciente e harmonia consciente.

O homem-Eu está firmado numa harmonia consciente.

Enquanto o homem se acha nessa bifurcação ambivalente — bom ou mau — conseguirá ele harmonizar o seu finito com o Infinito em caráter precário, intermitente, dolorosamente, com sacrifício e dificuldade; tem de andar no “caminho estreito e passar pela porta apertada”, tem de ser “virtuoso” (isto é, “forçado”) para cumprir o seu dever; pode ser *bom*, mas não pode ainda ser *belo*.

E aqui já tocamos na grande diferença entre *bom* e *belo*.

Bom é o homem que está *dolorosamente* harmonizado com o Infinito.

Belo é o homem que está *gozosamente* harmonizado com o Infinito.

Entretanto, não nos esqueçamos, essa harmonia, tanto a dolorosa como a gozosa, supõe um estado consciente e livre; a natureza inconsciente, embora harmonizada com o Todo, não está nem dolorosa nem gozosamente harmonizada, porque se acha em estado neutro, de harmonia inconsciente. Logo, não podemos incluir a natureza inconsciente na designação do *bom* e do *belo*. Se a natureza é boa e bela, ela o é num estado “pré” — ela está aquém do bom e do belo. Só um ser consciente e livre pode estar realmente dentro da zona do bom e do belo.

Um ser consciente e livre está, pois, no plano do *bom* quando harmoniza conscienciosamente com o Todo, mas ainda com dificuldade e sacrifício. Essa dificuldade e essa sacrificialidade têm algo de *feio*, por implicar um dever difícil, forçado, mantido com sofrimento. Tudo que envolve dificuldade, sofrimento, sacrifício, virtuosidade, dever compulsório, não é *belo*, embora possa ser *bom*.

O ser-belo é o esplendor do ser-bom. A beleza é a exultante leveza da bondade.

Quando Mahatma Gandhi disse que "a verdade é dura como diamante e delicada como flor de pessegueiro", teve ele um momento de grandiosa visão da filosofia da arte; percebeu que o homem perfeito não é apenas bom, mas que ele é *jubilosamente* bom, isto é, belo. O homem bom é *dolorosamente austero*; o homem perfeito é *sorridentemente austero*; a dureza diamantina da sua verdade culminou na delicada leveza de uma flor de pessegueiro.

Há homens alegremente maus — os profanos.

Há homens tristonhamente bons — certos homens virtuosos.

E há homens alegremente bons — os homens perfeitos, os homens cósmicos.

O homem profano, alegremente mau, não é talento nem gênio.

O homem virtuoso, tristonhamente bom, pode ser um talento, mas não é um gênio.

O homem cósmico, alegremente bom, é um gênio — é ele o homem belo, o homem puro, o homem-*kosmos*, o homem-*mundus*, o homem-*univérsico*.

Suponhamos que o homem harmonize com o grande Todo, o Infinito, em virtude de um imperativo categórico da sua consciência "*tu deves*"; que, como bom discípulo de Moisés ou de Kant, cumpra o seu "dever compulsório" e o seu maldito dever, o seu doloroso dever — esse homem é bom, sacrificialmente bom, virtuoso escravo do seu dever. (*Virtus*, virtude, quer dizer força — virtuoso é forçado.)

E suponhamos que esse homem moralmente bom, sacrificialmente virtuoso, esse obedientíssimo escravo do seu dever compulsório, consiga fazer hoje, por um *querer espontâneo*, o que ontem fazia por um *dever compulsório* — esse homem continuará a ser bom, mas o seu ser-bom assumiu outra cor, outro caráter; ontem era ele bom com sacrifício, hoje é bom sem sacrifício; ontem era ele *feiamente bom*, hoje é *belamente bom*.

Que foi que aconteceu a esse homem entre o *ontem* e o *hoje*, entre o *dever compulsório da bondade* e o *querer espontâneo da beleza*? Entre aquela austera dureza diamantina e esta sorridente delicadeza de flor de pessegueiro?

Que foi que lhe aconteceu?

Aconteceu-lhe a coisa mais grandiosa que pode acontecer a um homem, aconteceu-lhe "*compreensão*", aconteceu-lhe a compreensão da verdade sobre si mesmo, e, como a verdade é libertadora, aconteceu-lhe a grande *libertação*, aconteceu a esse homem a *libertação pela verdade*.

Libertação de quê?

Libertação, não só do *ser-mau*, mas também a libertação do *ser-bom-com-sacrifício*; e quem superou as limitações de ser *alegremente mau* e a de ser *dolorosamente bom*, e entrou no mundo ilimitado de ser *alegremente bom*, esse vive no mundo da beleza eterna.

Em tempos antigos tive de aprender que tanto mais valioso é um ato perante Deus quanto mais dificultoso — e desde então tive a idéia de que Deus é um grande sadista, que tanto mais goza quanto mais vê sofrer as suas creaturas; identifiquei *santidade* com *sofrimento*. Mais tarde, quando li as obras de Tolstoy, quase tive vontade de me matricular na escola do grande místico russo, que dizia ter maior simpatia com os egoístas no sofrimento do inferno do que com os egoístas gozadores no céu.

Simpatizei também com o profeta Zaratustra, que, segundo Nietzsche, disse aos homens: "Detesto os vossos vícios, e mais ainda as vossas virtudes; dos vossos vícios vos libertarei um dia — mas quem vos libertará das vossas virtudes?" Isto é, do vosso virtuosismo, da vossa *virtuosite*, do vosso ser-bom-sacrificial. E, como esse ser-bom-sacrificial quase sempre produz no homem um complexo de heroísmo e virtuosidade, esse ser-bom obstrui o caminho para o ser-belo.

Os grandes mestres da humanidade exigem de seus discípulos não só o ser-bom, mas também o ser-belo. Os discípulos, porém, quando muito, chegam até a penúltima fronteira, que é o ser-bom; raras vezes algum deles avança até a última fronteira, do ser-belo. Todos insistem no "caminho estreito e na porta apertada", poucos chegam a compreender o que é "jugo suave e peso leve".

Quando aquele jovem rico, de que nos falam os evangelhos, quis saber do Nazareno o que devia fazer para entrar na vida eterna, apontou-lhe o mestre o caminho, ordenando que guardasse os mandamentos de Moisés, que são os imperativos do dever compulsório — "tu deves, tu não deves". Respondeu-lhe o jovem que desde pequeno era cumpridor consciencioso dos mandamentos do dever, e acrescentou palavras de incompreensível mistério: "*Que é que me falta ainda?*"

Que disseste, ó jovem ousado? Queres fazer mais do que deves? Mais do que entrar na vida eterna?

Esse jovem tem a estranha e longínqua intuição de que o homem perfeito e plenamente belo não é aquele que apenas satisfaz ao imperativo categórico do dever; que o homem deve ser mais que bom, mais que um bom escravo do dever compulsório. "Que me falta ainda?"

E, com imensa surpresa, o profeta de Nazaré faz eco às palavras do jovem: "Uma coisa te falta ainda"...

Para seres bom nada te falta; basta seres bom discípulo na escola primária do teu dever — não matar, não furtar, não adulterar, não mentir, etc. —; faze o que Moisés mandou fazer ou proibiu de fazer. Mas... se quiseres ir além do teu dever, se da escola primária do *dever compulsório* quiseres passar para a universidade do *querer espontâneo*, se da Torah de Moisés quiseres passar para o Evangelho do Cristo, se quiseres ser perfeito, se de bom que já és quiseres ser belo que não és ainda, então...

Com a respiração suspensa e os olhos fitos no semblante do grande Mestre, escutava o jovem a maior revelação da sua vida, que nenhum dos rabinos da sinagoga lhe dera...

E deu-se então a grande tragédia...

O jovem, que tão bem voava na atmosfera comum do ser-bom, quando foi convidado a entrar na estratosfera do ser-belo, caiu de asas quebradas, deslumbrado com tamanhos fulgores... Era uma ave de vôo transcendente... Evitara tudo que era *ilícito*, como todo homem bom; foi convidado a evitar também o que era *lícito*, como o homem belo — e não conseguiu romper a barreira entre o ser-bom e o ser-belo...

"Se quiseres ser perfeito[1]", disse o mestre cruel, "vai, vende

---

[1] É este o texto latino da Vulgata: *perfectus*, perfeito. Mas o original grego de Lucas diz *teleios*, adjetivo derivado do substantivo *telos*, que quer dizer meta, termo final da jornada. *Teleios* seria, pois, aquele que se aproxima da meta suprema e última da sua evolução ascensional, que é precisamente a idéia do *belo*. Esse jovem já era *bom*, e o Nazareno, que já era *belo*, o convida a acompanhá-lo no vôo sublime da beleza. Na saudação inicial, o jovem dissera "bom mestre", fazendo suspeitar que considerava o profeta de Nazaré como *bom* (*agathós*), mas não o conhecia como *belo*, perfeito (*teleios*).

O verdadeiro artista, além de ser *agathós*, bom — tem de ser *teleios*, perfeito, belo. (N. do A.)

tudo que tens, dá tudo aos pobres, e depois vem e segue-me e terás um tesouro nos céus"...

E o jovem caiu fulminado em face de tanta luz...

"Retirou-se ele, triste..."

Como é difícil a passagem do *bom* para o *belo*!...

Como é árduo *querer* o *dever*!...

É relativamente fácil libertar-se do *ser-mau*, muitos o conseguem — é imensamente difícil libertar-se da sacrificialidade do *ser-bom*, poucos o alcançam...

Por quê?

Porque não atingiram a zona da verdade libertadora...

"*Gnôthi seautón*" — conhece-te a ti mesmo! —, estava gravado no frontispício do templo de Delfos, na antiga Grécia, síntese da filosofia e da arte. Homem, conhece-te a ti mesmo, e serás bom sem sacrifício, porque todo o sacrificialismo vem da ignorância, ou da semi-ignorância, que é própria do ego: o verdadeiro Eu, uma vez conhecido como tal, não conhece ignorância, ele é pura sapiência. A ignorância do ego é maldade, ou então bondade sacrificial, virtuosismo — a sapiência do Eu é bondade jubilosa, é beleza.

"Quando jejuares", disse ainda o grande filósofo-artista de Nazaré, "não desfigures o rosto para mostrares que estás jejuando; quando jejuares, lava o rosto e unge o cabelo para que ninguém perceba que estás jejuando..." Com outras palavras: quando fores bom cumpridor do dever da virtude, não procedas *virtuosamente*, mas sim *esteticamente*, não sejas um moralista de aspecto austero e tristonho, mas sim um esteta de aspecto sorridente e afetivo; não te contentes com ser bom, procura ser belo.

O homem vicioso é um ego de má vontade, e sem compreensão.

O homem virtuoso é um ego de boa vontade, mas sem compreensão.

O homem estético é um Eu de perfeita compreensão.

O primeiro não é talento nem gênio.

O segundo é um talento, mas não um gênio.

O terceiro é um gênio.

O que se faz com dificuldade, embora seja necessário e bom, não tem garantia de perpetuidade; toda vez que a natureza quer ter a garantia de atingir certo objetivo, ela permeia de um *gozoso querer* o *compulsório dever*. Se, de vez em quando, não aparecesse na terra um gênio espiritual, que no *dever* encontrasse o seu supremo *querer* (ou prazer), não haveria mais espiritualidade sobre a face da terra, porque os homens bons comuns, vítimas do seu dever, não garantem espiritualidade contínua e indefectível; esta só é garantida pelos gênios do querer, pelos grandes ébrios da beleza, para os quais o *jugo amargo* do dever se transformou em *jugo suave*, em suavíssima paixão de querer; e o *peso pesado* da compulsão obrigatória passou a ser *peso leve*, compreensão espontânea da verdade — verdade libertadora.

* * *

Em resumo e aplicação: o verdadeiro artista deve revestir a mais pesada das suas obras com a maior leveza. Deve poder fazer levemente as coisas pesadas, facilmente as coisas difíceis, sorridentemente as coisas austeras.

Alguns dos nossos edifícios mais recentes parecem antes trabalho de renda levíssima do que produtos pesados de ferro e cimento; lembram sonhos de espuma, filigranas, sopros; todo o seu peso está por dentro, invisível, toda a sua leveza está por fora, visível.

Quem vê o célebre Taj Mahal, da Índia, sobre o fundo escuro da mata, tem a impressão de contemplar uma teia de aranha, uma filigrana de renda que não resista a um sopro, tamanha leveza e graciosidade soube o arquiteto dar ao pesado mármore.

O livro da *Sapiência* — que é um tratado filosófico de Salomão sobre o Creador e a creação — afirma que a sabedoria de Deus brinca sobre toda a redondeza da terra. Não é esta a impressão que temos em face da natureza? Não parece tomar nada a sério; está sempre brincando, sempre de festa, sempre leviana e sorridente; produz milhares e miríades de lindas flores, e no dia seguinte joga tudo no chão e faz brotar outras maravilhas. As sementes, que são a garantia da sua imortalidade específica em eterna sucessão, só nascem no meio da estonteante solenidade de formas e cores, de perfumes e de néctares — a sapiência do Creador a brincar sobre a redondeza da terra...

O sol só manifesta a sua força em forma de leveza. Lança imensos sistemas planetários pelas vias inexploradas do cosmos — mas penetra por uma vidraça sem a quebrar, acaricia as pétalas duma flor sem a lesar, e beija o semblante duma criança dormente sem a acordar...

Não é toda a natureza um sistema de força revelada em leveza e um sistema de ordem imperturbável manifestado em sorridente beleza?

A filosofia oriental usa a palavra sânscrita *lila* (cântico, bailado) para designar o jogo cósmico de Brahman nos domínios de Maya, esse jogo pesado e leve, austero e sorridente, sério e jocoso, que se revela sem cessar na polaridade dos contrastes das antíteses e sua conciliação em sínteses — isso é *lila*, o gracioso bailado da onipotência do Infinito através da sorridência dos Finitos; a Sapiência de Deus a brincar sobre a redondeza da terra...

Ora, sendo o verdadeiro artista o reflexo autêntico do próprio Universo, uno em diversos, forte na leveza, deve ele ser capaz de aureolar de leve beleza a pesada verdade das suas obras. O sopro do seu gênio deve cercar e penetrar de um halo de imponderável leveza toda a firmeza da sua técnica ponderada. Todo o *pondus* da sua materialidade técnica deve ser *desponderado* pela imaterialidade do seu gênio. A alma da inspiração deve fazer esquecer o corpo da execução; este deve servir apenas como meio dócil e flexível para manifestar aquela. A dureza diamantina do seu *talento consciente* deve ser envolta na delicadeza floral do seu *gênio inconsciente*.

CAPÍTULO 5

Deve o artista copiar a natureza?

A fotografia, a fotocópia e outros processos mecânicos reproduzem o objeto focalizado. Isso é técnica, mas não é arte no sentido em que estamos tomando essa palavra, num tratado sobre a "Filosofia da Arte".

De mecânico para mecânico temos técnica.

Na arte entra um elemento dinâmico.

No plano da simples causalidade mecânica inconsciente não há arte, há apenas *técnica* — a arte supõe um misto entre o *mecânico-inconsciente* e o *dinâmico-consciente*.

E como, aqui na terra, o único fator dinâmico-consciente é o homem, só pode haver arte na humanidade.

O pintor, o escultor, o poeta, o músico, o místico não funcionam como simples câmeras fotográficas, aparelhos fotostáticos, porque não agem simplesmente sob o impulso passivo da *causalidade mecânica*, embora se sirvam dessa causalidade como meio de manifestação; não agem em virtude de um simples *alo-determinismo automático*, mas pela *autodeterminação* da *causalidade dinâmica*.

O artista é um ser vivo, consciente e livre, não um objeto receptivo de um alo-determinismo passivo; é antes um sujeito dativo de uma autodeterminação ativa. A arte não *acontece* ao artista, como a queda acontece a uma pedra, ou a fotossíntese acontece a uma planta, não — o artista *crea* a arte; ele não é simplesmente receptivo, mas dativo; não apenas receptor de algo já existente, mas creador de algo não-existente, que ele faz existir. Quem sabe talvez também neste sentido possamos aplicar as palavras de Einstein: "Do mundo dos fatos não conduz nenhum caminho para o mundo dos valores; estes vêm de outra região". O artista não é espelho passivo que recebe a luz — é holofote ativo que produz a luz.

A arte não pode vir do simples fato objetivo da natureza existente — ela deve vir, pelo menos primariamente, de um valor subjetivo ainda não existente, mas que o artista faz existir. Fato é quantidade — valor é qualidade. Segue-se que a arte não é simplesmente um *fato quantitativo*, ela tem que ver com algum *valor qualitativo*.

Fatos são alo-determinados — valor é auto-determinante.

O verdadeiro artista não deve, portanto, funcionar como simples reflexo ou espelho passivo do mundo objetivo, como faz o cientista, que registra fatos com a maior objetividade possível. O artista é intelectivo-volitivo, ao passo que o cientista é apenas intelectivo. O artista não é papel carbono, cuja função é copiar servilmente algo já existente; ele é um agente creador, que deve dar algo de seu e de si mesmo quando age artisticamente. O artista *age*, e não é apenas *agido*. "Arte" vem de "agir". "Daquilo que é (*das was ist*, segundo Einstein) não conduz nenhum caminho para aquilo que deve ser (*das was sein soll*)." A arte é algo que *deve ser*.

Se a ciência é mais *intelectiva* que *volitiva*, podemos afirmar que a arte é antes volitiva que intelectiva. E, nesse ponto, ela se assemelha às tendências da política moderna, que não querem simplesmente *receber* o que já existe, mas querem *fazer* o que não existe e impor ao mundo e à humanidade um modo de vida. A arte é antes *hierárquica* que *democrática*.

O objeto impessoal da arte deve ser aureolado pelo sujeito pessoal do artista; deve haver uma *personalização do impersonal*, e assim uma valorização humana do fato natural. Parafraseando as palavras de Nietzsche sobre a "transvalorização de todos os valores" (*Umwertung aller Werte*), poderíamos dizer que o artista deve "*transnaturalizar o natural*", imbuindo o fato natural de um valor humano. O artista deve, por assim dizer, dar algo da sua alma ao corpo da natureza que focaliza; deve vivificar com a sua própria vida e personalidade a substância não-viva e impersonal que lhe é fornecida pelo mundo como matéria-prima para suas obras artísticas. O artista deve ressuscitar em sua vida, em seu sangue, em seu amor e em sua magia individual tudo quanto entrar em contato com o seu gênio creador.

Em todo o âmbito da Natureza não há um único objeto ou indivíduo repetido, copiado; não há duplicatas na Natureza; quando duas coisas parecem ser iguais, é essa suposta igualdade devida apenas à nossa incapacidade de lhes descobrirmos as desigualdades. Toda *identidade* manifesta tem uma *alteridade* latente.

Embora *empiricamente* não se possa, muitas vezes, verificar a desigualdade de duas ou mais creaturas, *metafisicamente* essa desigualdade é absolutamente certa. Repetir, fazer dois seres iguais, supõe fraqueza, limitação, deficiência de genialidade creadora da parte de seu autor. No plano do simples talento pode, certamente, ocorrer essa repetição, cópia servil de seres iguais, precisamente por ser o talento uma faculdade limitada. Mas tudo quanto o gênio ilimitado produz é necessariamente original e inédito, porque a força creadora do gênio cósmico não conhece limites.

O artista, quanto mais genial, tanto menos perigo corre de copiar simplesmente algo já existente, ou repetir algo já por ele creado. O artista genial produz, de dentro do imenso reservatório da sua potência creadora, obras originais, inéditas. Quanto mais o artista se aproximar da própria Fonte Cósmica da Essência, donde derivam os canais múltiplos das Existências, tanto mais capaz será ele de dar à luz filhos originais e únicos, a despeito da sua multiplicidade, porque nenhum desses produtos será igual ao outro, e nenhum deles será simples reflexo passivo da natureza. O Infinito pode revelar-se em inúmeros Finitos, porque a qualidade, produzindo quantidades, jamais se exaure, nem diminui a sua potencialidade creadora.

O Finito, quando dá, perde; mas o Infinito, dando, não perde nem sofre diminuição do seu conteúdo.

No Universo o *UNO* (Infinito) se derrama ou "verte" nos (di) *VERSOS*, e o TODO é o UNIVERSO. Esse TODO, entretanto, não deve ser considerado como a Síntese das Antíteses, mas sim como a Tese, que precede tanto as Antíteses disjuntivas quanto a Síntese conjuntiva. O Universo não é o Composto resultante dos Componentes, mas é o Posto (Tese) donde dimanam tanto os *Componentes* (Antíteses) quanto o *Composto* (Síntese).

O Infinito não é a soma total resultante dos Finitos, mas é a grande Fonte donde derivam todas as torrentes dos Finitos.

Por isto, pode a Tese, o *Posto*, o Todo, a Fonte manifestar-se sem cessar em novas formas, sem jamais se esgotar nem diminuir e sem nunca repetir um só dos seus produtos.

O Artista deve, pois, ter um caráter univérsico, deve ser um gênio cósmico creador, e não apenas um talento transformador.

Deve *agere* (agir) de dentro da plenitude do seu *esse* (ser).

CAPÍTULO 6

Silêncio de vacuidade e silêncio de plenitude

Um dos fatores mais incompreensíveis para a gênese da arte — como, aliás, de qualquer atividade superior do homem — é o silêncio.

Que é silêncio?

Para a imensa maioria dos homens, silêncio significa ausência, vacuidade, um simples *não*; portanto, um fator negativo, que, evidentemente, não pode produzir algo positivo.

Se assim fosse, não poderíamos tratar do silêncio como fator creativo.

Entretanto, o verdadeiro silêncio não é apenas a ausência de ruído, mas é em si mesmo uma presença dinâmica, uma potência de inconcebível grandeza.

Vamos, de início, servir-nos da conhecida analogia da "roda girante" de Aristóteles. Suponhamos uma grande roda em movimento rotativo, admitindo que toda a sua força se origine dentro do próprio eixo, e não venha de alguma fonte externa, como geralmente acontece em nossa indústria. Suponhamos que a força motriz da roda seja pura "*energeia*"[1], isto é, "atuação de dentro". Essa energia gerada no eixo e pelo eixo é transmitida aos raios e às periferias da roda, que recebem parte da energia originada no eixo. No centro do eixo não há movimento, mas total imobilidade. Essa imobilidade,

---

[1] Energia vem de *en* (dentro) e *ergon* (obra, atuação); logo, uma atuação vinda de dentro. Numa roda movida por fatores externos, como água ou outros, temos antes uma "exergia" (*ex-ergeia, ex-ergon*), uma "atuação de fora". No caso da nossa energia atômica ou nuclear, estamos nos aproximando notavelmente da verdadeira "*energeia*", porque a atuação vem do íntimo, reduto do próprio núcleo atômico. (N. do A.)

ou não-movimento, é a fonte dos movimentos; quer dizer, movimento "0" é igual a energia "100". Movimento e energia estão em razão inversa; a *ausência* máxima do movimento corresponde à *presença* máxima da energia. Todo mecânico sabe que quanto mais nos aproximamos da periferia de uma roda girante tanto mais nos afastamos do centro, isto é, o aumento de movimento significa diminuição de energia. Se uma rodinha de engrenagem de 10 dentes, presa ao eixo, pega numa roda maior com 100 dentes, a força do eixo transmitida à periferia é aumentada dez vezes, ao passo que o movimento da roda grande diminuiu 10 vezes. Pelo contrário, se uma roda de 100 dentes move uma rodinha, de 10, o movimento da rodinha é aumentado 10 vezes, enquanto a sua força é diminuída a um décimo. Até aqui a idéia é do filósofo de Estagira.

Façamos a aplicação ao nosso tema. Suponhamos que a energia do eixo imóvel seja o *silêncio*, e o movimento da periferia seja o *ruído*; neste caso, quanto maior o silêncio tanto maior a força, e quanto menor o silêncio tanto menor a força. Ora, sendo que silêncio e ruído estão na razão inversa de energia e movimento, segue-se que silêncio é força e ruído é fraqueza. Suposto, naturalmente, que se trate de um silêncio-plenitude, de um silêncio-presença, e não de um silêncio-vacuidade, de um silêncio-ausência.

Resultado: a energia é creada no silêncio e dispersada no ruído.

Mas... que é silêncio-plenitude, silêncio-presença, silêncio dinâmico?

Silêncio é sinônimo de *qualidade* — ruído é sinônimo de *quantidade*.

Silêncio é *essência* causante — ruído é *existência causada*.

Silêncio tem afinidade com o Infinito, o Absoluto, o Eterno, o Todo, com Brahman, Iahweh, Tao, com a Divindade Onipotente. Ruído é do mundo dos Finitos, dos Relativos, dos Temporários, das Partes, é Maya, mundo, natureza, efeito.

Silêncio é *Fonte* única — ruído são *canais* múltiplos.

O *Uno* do Universo é o silêncio — o *verso* dessa palavra representa os ruídos.

Silêncio é *Ser* — ruído é *Existir*, ou *Agir*.

Silêncio e silencioso é tudo que é grande, poderoso, belo, perfeito.

Silêncio é vida, inteligência, espírito, energia — silenciosas são as trajetórias dos astros e dos átomos; silêncio é a causa de todos os ruídos dos efeitos que nossos sentidos percebem ou nossa inteligência concebe. O que está além de todos os derivados, na zona dos sentidos e do intelecto, isso é o inderivado da razão, do espírito, cuja fonte brota do seio silencioso do Incógnito e do Incognoscível.

O homem que é muito consciente no plano horizontal do *existir* e pouco consciente na zona vertical do *ser*, é barulhento, ruidoso — o homem que *é* intensamente consciente é tanto mais silencioso quanto mais consciente do seu ser, porque o seu *ser* é o seu eixo energético, e o seu *existir* é apenas uma periferia externa impelida por aquela força interna. O homem primitivo mede a abundância da sua vida pela medida dos barulhos que é capaz de produzir ou de receber. O homem primitivo não concebe vida e vitalidade sem barulho e movimento externo; e, quando a fonte natural do ruído, a voz, é fraca demais para produzir o barulho que ele deseja ouvir, então o homem primitivo inventa e fabrica ruídos artificiais, por meio de foguetes, bombas, morteiros, tambores e outros instrumentos ruidosos. E só então sente ele a sua vida e vitalidade. Parafraseando as conhecidas palavras de René Descartes sobre o conhecimento "*Cogito, ergo sum*" (eu penso, logo sou), poderíamos dizer com relação ao homem primitivo: "*Eu faço barulho, logo existo*". Se não fizesse barulho, não teria bastante certeza da sua existência; a medida do barulho que ele produz é a medida da consciência da sua existência; esse barulho lhe dá plena certeza de que existe; o efeito revela a causa; a causa silenciosa lhe é um tanto duvidosa e incerta, mas os efeitos ruidosos são manifestos.

O homem primitivo dificilmente se tolera no silêncio, porque para ele silêncio é vacuidade — e a natureza tem um "horror ao vácuo". O homem primitivo se *goza* no barulho, e se *sofre* no silêncio, e, como todos querem gozar e ninguém quer sofrer, é lógico que ele procure o barulho e evite o silêncio, enquanto não encontrar no silêncio um fator mais vital e mais gozoso do que no barulho.

Em última análise, essa alternativa *silêncio-ruído* é uma questão do nível de consciência. Quem é apenas capaz de perceber ruídos periféricos não tem desejo de silêncio central.

Se isolarmos um homem primitivo num grande silêncio, ele se afoga nesse mar sem praias, em que não sabe nadar; ou pelo menos fica nervoso, doente, e procura freneticamente agarrar-se a alguma tábua de salvação, a algum salva-vidas ruidoso que o preserve do naufrágio no vasto *oceano pacífico* do silêncio mortífero.

Quem é um vácuo por dentro não tolera os vácuos de fora; tem a irresistível necessidade de encher com as ruidosas plenitudes de fora a sua vacuidade de dentro.

O homem inteiramente primitivo procura encher o seu vácuo interno com palavras proferidas e palavras ouvidas; é capaz de *falar* horas inteiras sem *dizer* nada, porque falar, para ele, não quer dizer manifestar pensamentos, mas satisfazer uma espécie de *comichão bucal*. O fim não é dizer algo, mas falar por falar. Esse falar contínuo lhe dá uma espécie de alívio.

* * *

O homem primitivo gosta do ruído *material* — o homem semiprimitivo descobriu outro ruído, mais sutil e erudito, que é o ruído *mental*. Viver para ele é pensar, pensar sempre, pensar muito, analisar, estudar, investigar — que divertimento gostoso, esse, de assistir à deslumbrante pirotécnica dos pensamentos em ininterrupta sucessão! Essa esplêndida cachoeira de pensamentos é, para o homem intelectual, vida e vitalidade. É tão inebriante *flertar* com pensamentos, idéias, ídolos mentais... Projetá-los sempre de novo na tela panorâmica, multiforme e multicor, do cérebro...

Essa *luxúria mental* é a grande delícia de milhares e milhões de homens eruditos da atualidade — da elite intelectual dos nossos dias...

No meu livro recente *A voz do silêncio*, como também em outro, *Escalando o Himalaia*, falo diversas vezes em "prostituição mental", em "luxúria cerebral", e muitos me levaram a mal essas expressões drásticas, que, no entanto, representam uma grande realidade.

Nem os *faladores* primitivos, nem os *pensadores* semiprimitivos atingiram as alturas da *Universidade do Silêncio*; conhecem periferias e semiperiferias — ignoram o centro e a fonte da suprema energia, onde brotam vida e vitalidade.

O artista que não se matriculou na Universidade do Silêncio marca passo ou no curso primário dos *faladores* ou no curso secundário dos *pensadores*; não cruzou a última fronteira da genialidade creadora, que radica no misterioso seio do Silêncio fecundo.

Só uns poucos homens conseguem ultrapassar o *sansara* do ruído físico-mental e entrar no *nirvana* do silêncio espiritual.

Quando alguém consegue esse cruzamento de fronteira, quando inicia o seu noivado, ou celebra as suas núpcias com o Silêncio, inicia essa etapa quase sempre com uma *fuga do meio dos ruídos externos*. Pensa, como é de praxe, que o pior e único ruído seja aquele barulho de fora.

Mais tarde, muito mais tarde, quando firmemente consolidado no Silêncio-plenitude, descobre que silêncio e ruído não são, propriamente, lugares, ambiências, circunstâncias de tempo e espaço; descobre que silêncio não é um *objeto* que possa estar presente ou ausente, mas que silêncio é uma *atitude do sujeito*, independente de tempo e espaço, atitude que a gente não *tem*, mas que alguém *é*, porque é um hábito, um *modo de ser* do próprio sujeito — descobre que o silêncio é algo *portátil*, como o ruído também o é. O verdadeiro silêncio-atitude é uma nova natureza do homem. Nova? Não, mas recém-descoberta. O silêncio é a íntima natureza do homem, porque o último reduto do homem é o Infinito, e o Infinito é o próprio silêncio. Quando então o homem recém-descobre essa antiga e eterna realidade central dentro de si mesmo, então entra ele na zona da grande libertação, porque a verdade é essencialmente libertadora, assim como a inverdade é escravizante.

A partir daí, o silêncio deixa de ser para ele uma conquista, uma aquisição adicional, menos ainda uma virtude. Um querer consciente de que ele se revista como de um trajo festivo — não! O silêncio é para o homem que se conhece a si mesmo o seu verdadeiro ser, o seu Eu substancial, a sua autêntica e genuína natureza humana, que ele é espontaneamente e sem nenhum esforço artificial.

O homem *virtuoso* é um herói da sua boa vontade, herói e vítima ao mesmo tempo.

O homem *sábio* é simplesmente a sua própria compreensão, a sua verdadeira racionalidade, que ignora sacrificialismos e virtuosismos.

"Detesto os vossos vícios", dizia Zaratustra, "e mais ainda as vossas virtudes! Dos vossos vícios vos libertareis um dia, mas quem vos libertará das vossas virtudes?"

Quer dizer, dos vossos virtuosismos sacrificiais, e talvez de vossa *virtuosite*...

Como dizíamos, no princípio, quando o homem do ruído celebra as suas núpcias com o Silêncio, tem ele a irresistível tendência de se afastar dos ruídos externos, que considera como sendo o contrário do silêncio. Mais tarde, porém, faz a estupenda descoberta: *que o silêncio pode existir no meio do ruído*, sem ser por ele destruído nem diminuído.

Nossas estações emissoras lançam ao espaço *ondas eletrônicas* de alta potência; essas ondas são veiculadas pelo *éter*, e não pelo *ar*; propagam-se também fora da camada atmosférica que rodeia o nosso planeta. E nenhum ruído atmosférico afeta as ondas eletrônicas; pode travar-se, entre a emissora e o receptor, a maior batalha de canhões e metralhadoras, a onda eletrônica ignora soberanamente esses ruídos do ar; atravessa-os todos, indene, incontaminada. De modo análogo, o homem que entrou na zona superior de experiência de si mesmo, que descobriu que ele é silêncio, como o próprio Infinito, pode viver em silêncio interno no meio dos ruídos externos. Isso, é claro, supõe o máximo de *imunidade*, de invulnerabilidade, de inatingibilidade. O grosso dos homens é altamente *alérgico*, e nada ou pouco *imune*.

Essa imunidade paira acima da lei da *causalidade mecânica*, que impera no mundo do nosso ego físico-mental-emocional; paira nas alturas da *causalidade dinâmica*, como diz Bergson. A causalidade mecânica é um *alo-determinismo escravizante*, a causalidade dinâmica é uma *auto-determinação libertadora*.

Quando o homem perde o último resto do seu *alo-determinismo* e desperta em si a *auto-determinação libertadora*, então pode ele viver em permanente silêncio no meio de permanentes ruídos externos. Então proclama ele a vitória da *qualidade do ser* sobre todas as *quantidades do ter*. Então deixa ele de ser o *produto passivo* das circunstâncias, e se torna o *produtor ativo* dessas mesmas circunstâncias. É sabido que os nossos supostos mestres se comprazem em afirmar que o homem é o produto do meio; se isso é um fato, então é um fato vergonhoso, porque afirma que o *sujeito consciente* é escravo dos *objetos inconscientes*, quando ele podia e devia ser o senhor e soberano desses objetos, meios e circunstâncias. Afirmar e aceitar que o homem é o produto do meio, e conformar-se passivamente com esse fato, é assinar uma declaração de derrota total do homem pelos seus servos e tiranos.

Quem *pode deve*, e quem não faz o que deve e pode cria *débito*, torna-se culpado e devedor em face da Justiça Cósmica, e, como toda a culpa acarreta pena, onera-se o homem culpadamente derrotado com o *débito kármico* que faz da sua vida um sofrimento contínuo.

Se o homem *pode* ser senhor do ambiente, então ele *deve*. Deve porque pode.

Essa emancipação da tirania das *circunstâncias externas*, pelo poder da *substância interna*, essa derrota do *alo-determinismo* pela *auto-determinação*, é a mais gloriosa conquista do homem, aqui na terra; dá-lhe a possibilidade de viver em puro *nirvana* no meio de todos os *sansaras* da vida diária. Não é *escravidão* nem *deserção* — é *libertação*, eqüidistante desta e daquela.

Por via de regra, o homem *ocidental* vive na escravidão das suas atividades externas — o homem *oriental* quer afastar-se dessa escravidão por meio da deserção rumo à passividade; este deu o primeiro passo para a libertação, mas não atingiu a liberdade, porque deserção é fruto do medo, e medo é fraqueza, e fraqueza é escravidão. O homem ocidental vive em uma *escravidão inconsciente*, o homem oriental refugiou-se em uma *semi-escravidão consciente* — mas nenhum deles atingiu a *libertação consciente*, que consiste na superação desta e daquela, tanto da escravidão inconsciente como da deserção consciente.

O homem ocidental é como a *matéria impura*.

O homem oriental é como a *água*, que se conserva pura quando longe das impurezas, mas que se torna impura quando em contato com impurezas.

O homem cósmico, o homem integral, o verdadeiro filósofo-artista, deveria ser como a *luz*, que é pura no meio das impurezas e não é jamais contaminada pelo contato com nenhuma impureza. A luz é totalmente *imune*, ao passo que a água é muito *alérgica* à impureza.

E não disse o grande mestre de Nazaré: "Vós sois a luz do mundo"?

Se o meu *ser* é luz, por que o meu *existir* não pode ser luminoso?

Se eu sou *luz pura* pela minha essência, por que não posso agir na minha existência de acordo com essa luz pura da minha essência? Por que não poderia eu *essencializar* a minha *existência*? Lucificar as minhas trevas? Purificar as minhas impurezas? Libertar-me das minhas escravidões?

Essa transição do negativo para o *positivo* é um processo de *conscientização*. Não basta que eu seja *objetivamente* puro e livre, eu devo tornar-me *subjetiva* e conscientemente aquilo que sou objetiva e inconscientemente. Devo tornar-me o que sou; agir *explicitamente* de acordo com o que sou *implicitamente*; devo *atualizar* as minhas *potencialidades*, *existencializar* a minha *essência*.

Essa existencialização da minha essência, essa concretização individual do abstrato universal, supõe os dois elementos da filosofia e da arte já abordados no princípio: *visão* e *ação*. Devo ver e visualizar a minha verdadeira essência infinita imanente em minha existência finita; e, depois de visualizar essa verdade, devo concretizá-la em atos individuais. A visualização da essência produz a concretização dessa essência dentro da minha existência.

* * *

Quando o homem atinge o mais alto grau da sua evolução consciente, quando se torna pleniconsciente, estabelece ele em si um novo nível de consciência, dificilmente explicável ao inexperiente. Estabelece um estado de *consciência simultânea* para além de todas as *consciências sucessivas*. As suas *análises intelectuais* culminam em intuição racional (espiritual). Esse homem vê, contempla, intui — não pensa, medita, analisa. Todos os seus ruídos verbais e mentais se afogaram no silêncio espiritual. Os *métodos* foram eclipsados pela *meta*. Esse homem superou tanto a ignorância do profano como a semi-sapiência do místico, entrou na pleni-sapiência do homem cósmico, na unidade do *Uno*, que permeia os (di)*versos*. A pluralidade dos efeitos externos não mais desconcerta a unidade da sua causa interna. A silenciosa essência do seu *ser* pervade todas as ruidosas existências do seu *agir*.

Ora, essa força creadora nasce no silêncio do eixo, e daí se projeta para dentro de todos os ruídos das periferias, não suprimindo os ruídos externos, mas imantando-os com o poder do silêncio interno.

Se é verdade, como diz Einstein, que não há caminho dos fatos para os valores, da quantidade para as qualidades, é igualmente verdade que há um caminho dos valores para os fatos, da qualidade para a quantidade. Se o *menos* não produz o *mais*, o *mais* certamente produz o *menos*. Se o 10 não produz o 100, o 100 pode produzir o 10.

Os *ruídos quantitativos* não podem produzir o *silêncio qualitativo*, mas este pode produzir uma nova natureza naqueles; o silêncio fecundo pode fertilizar o ruído estéril; o *valor* do silêncio pode *valorizar* o *desvalor* do ruído. Na Aritmética, o "0" (zero) não pode produzir o "1" (um), nem todos os zeros o podem; mas um único "1", que representa o fator positivo do valor, pode valorizar o zero e todos os zeros, sem sofrer desvalorização ele mesmo: 100.000. Se os zeros estão do lado certo (direito) do "1", são por ele valorizados indefinidamente; se colocamos os zeros do lado errado (esquerdo) do "1", não são por ele valorizados, e até desvalorizam o "1", reduzindo-o a uma fração cada vez menor: 00000001.

O silêncio dinâmico (1) valoriza os ruídos, quando estes são por ele permeados e fecundados (1.000.000).

A energia do eixo (silêncio) comunica algo de si ao movimento das periferias (ruído).

O silêncio é, de sua natureza, *transcendente*, porque o silêncio é o próprio Infinito, a Divindade, Brahman, o Ser, Pura Energia, Qualidade sem quantidade. Mas essa longínqua *transcendência* do Infinito pode residir, como propínqua *imanência*, nos Finitos — assim como a força qualitativa pode residir nos movimentos quantitativos. A *alma do silêncio* informa o *corpo dos ruídos*, e esse corpo profano se transforma num corpo sagrado. O cadáver inerte do ruído profano se transforma no corpo vital do ruído sacralizado pelo silêncio.

* * *

Por que deve o artista auscultar a voz do silêncio?

Porque o artista que queira ser *dativo* tem de ser, em primeiro lugar, *receptivo*, e o *silêncio auscultativo* é a porta aberta para a receptividade.

O *talento* dá, por meio de canais vários — mas o *gênio* recebe, graças ao contato com a Fonte única. Ninguém pode dar em verdade sem ter recebido. E, como existe uma única Fonte original dativa, deve o receptor estar ligado com essa Fonte, que é silêncio, a fim de poder receber, e depois dar aos Finitos aquilo que recebeu do Infinito. Quem pretende dar sem ter recebido engana os supostos recebedores. A Fonte infinita pode dar indefinidamente aos Finitos, sem sofrer nenhuma diminuição, porque a qualidade (essência) não se esgota pelo fato de se derramar nas quantidades (existências).

Para que o artista possa dar aos *diversos* deve receber do *Uno*. Deve ser verdadeiramente *univérsico*. O artista genial e talentoso é uno no seu contato com a Fonte Única, da qual recebe o que, em forma múltipla, dá pelos canais, para enriquecimento dos muitos que bebem desses canais. Recebe do Infinito e transmite algo aos Finitos. Ele é um *recebedor-doador*, um canal receptor-transmissor. Vê o *conteúdo Infinito* em todos os *contenedores finitos*, e possui a estranha magia de poder exprimir em forma concreta o abstrato; transfundir em contenedores finitos o conteúdo Infinito.

A visão do conteúdo Infinito nos Finitos é dom do gênio — a capacidade de plasmar em contenedores Finitos algo desse Infinito é obra do talento.

A *imponderável* essência transcendente, imanente em todas as existências, é pelo artista *ponderizada*[2] em forma existencial.

O homem silencioso catalisa o Silêncio-Cósmico.

A concepção *essencialista* do artista, após a competente gestação, nasce, *existencializada*, graças ao seu poder creador.

Todos os finitos são *Maya*, seres femininos, capazes de conceber, gestar e dar à luz; masculino é só Brahman, ou melhor, Brahman é neutro (hermafrodita, andrógino), como diz admiravelmente a Bhagavad Gita, o Brahman Universal, que se torna Brahma Individual, masculinizado em face de Maya, a Natureza dos Finitos. Como Maya, todo Finito concebe pela *visão* — e dá à luz pela *ação*; a *Maya concipiente* é o *gênio*, a *Maya parturiente* é o *talento* — os dois aspectos do artista integral — recebedor e transmissor.

Sendo o Infinito Brahman o Ser, que é Silêncio Total, tanto mais se integra o homem no Infinito, no Brahman fecundante, quanto mais profundamente se abisma no Silêncio dinâmico da plenitude, que é Presença total.

Nenhum finito é fonte primária; Fonte primária é somente o Infinito. Os Finitos são canais e fontes secundárias; e tanto mais idôneo é um canal finito quanto mais firmemente ligado ao Infinito da Fonte, ligação que se faz pelo Silêncio receptivo da plenitude.

* * *

Um período total de Silêncio abrange o tempo que decorre entre um *novilúnio* até outro *novilúnio*, passando por um *plenilúnio*, compreendendo assim todas as *marés* e *vazantes*, *fluxos* e *refluxos*, *sístoles* e *diástoles* que as vicissitudes das fases lunares produzem, não só sobre as águas dos mares, mas também sobre os fluidos vitais dos seres vivos. A experiência total dessa vivência compreende 4 vezes 7, ou seja, 28 dias. E, como convém começar essa experiência sempre na véspera e terminar depois do último dia, totaliza-se o período completo em 30 dias, ou seja, um mês. Muitos dos grandes iluminados costumavam tomar 40 dias de silêncio e solidão para essa experiência vital, iniciando o período uma semana antes do

---

[2] *Pondus* (genitivo *ponderis*) quer dizer peso; *ponderizar* é pesar, ou dar peso, que é próprio do mundo das quantidades; a qualidade é sem peso, imponderável. (N. do A.)

novilúnio e encerrando-o uma semana depois. Assim fez o profeta Elias, que passou 40 dias de solidão e silêncio no deserto; assim fez o exímio legislador-estadista Moisés, que passou 40 dias no alto do Sinai a sós com o Infinito: assim fez Jesus, o Cristo, na região solitária ao leste do Mar Morto, ficando 40 dias e 40 noites em solidão e silêncio, antes de iniciar a sua missão redentora.

Francisco de Assis passa longos períodos de silêncio dinâmico no alto do Monte Alverne, onde a intensidade da vivência crística lhe deixou impressos no corpo os estígmas sangrentos do Crucificado — espécie de filosofia da arte, onde a visão abstrata se manifestou em ação concreta.

Inácio de Loyola passa um ano inteiro em silêncio e solidão na gruta de Manresa, nas alturas de Mont-Serrat, na Espanha.

João Batista passa toda a sua juventude em silêncio com os taciturnos essênios, cuja mística transcendente se revelava em ética imanente.

Paulo de Tarso, logo após a sua conversão, às portas de Damasco, retira-se às estepes da Arábia, onde incuba por três longos anos a grande concepção da visão do Cristo Cósmico, antes de o fazer nascer nas almas. Na atmosfera desse silêncio dinâmico, que ele chama o "terceiro céu", ouviu Paulo "*árreta rémata*", isto é, "ditos indizíveis", algo que lhe foi dito à alma, mas que os lábios não podem dizer, nem a mente pode pensar. Toda vez que um iluminado percebe espiritualmente tais "ditos", vê-se em face da impossibilidade ou dificuldade de dizer o indizível, ou de pensar o impensável; porquanto a Realidade Total que pelo silêncio roçou de leve a alma está para além de pensamentos e palavras; tudo que se pode pensar e dizer é uma deturpação da Verdade; a Verdade Integral passa pela primeira degradação quando analisada pela mente (essa mente que sempre mente sagazmente!), e passa pela segunda deturpação quando verbalizada pela boca. Toda vez que o Verbo se faz carne é ele *desverbalizado*, se por Verbo, ou Lógos, entendemos a Verdade Integral.

Mahatma Gandhi, Rabindranath Tagore, Ramana Maharishi, e muitos outros Iluminados dinâmicos dos nossos tempos, eram devotados amigos de prolongado silêncio e solidão, onde hauriam forças para as suas fecundas atividades no meio da sociedade humana.

Todos eles, como Paulo de Tarso, sofriam a insuficiência de concretizarem plenamente em ação externa as suas visões internas.

Devido a essa impossibilidade de dizer o indizível e pensar o impensável, sente todo artista genial uma certa tristeza e insatisfação em face das suas obras; porque o que ele materializou, ou mesmo pensou, não é uma sombra daquilo que ele intuiu, para além da matéria e da mente, nos vastos domínios da Realidade. O verdadeiro artista sempre sente uma espécie de vergonha, e está com vontade de pedir desculpa ao público pela imperfeição da obra que produziu, porque sente que toda produção é uma espécie de traição da Realidade, que ele concebeu intuitivamente, mas que não pôde dar à luz visivelmente. Será que o produto do artista não é uma traição daquilo que ele intuiu, esse dito indizível que ele tentou bem-dizer, e só pôde mal-dizer?

Se Michelangelo, na hora da morte, teve o grande pesar de ter de deixar o cenário terrestre no momento em que, como diz, começava a soletrar o á-bê-cê da sua arte, não é isso nenhuma atitude de humildade ou modéstia servil, mas a expressão de uma grande verdade e sincera convicção. Nenhum artista — como nenhum escritor ou outro iluminado — pode estar satisfeito com o pouco que fez, pois a distância entre o pouco que fez e o muito que deixou de fazer é enorme, e essa distância é a medida da sua dolorosa insatisfação.

Todo iluminado crê muito mais no muito que ignora do que no pouco que sabe.

Do pouco que sabe, ou julga saber, pode ele duvidar — mas do muito que ignora tem ele plena certeza.

Nenhum iluminado genial pode *atualizar* plenamente as suas *potencialidades*; nunca o seu *fazer* consciente coincide com o seu poder inconsciente; o seu talento técnico talvez se revele como sendo 10, ao passo que o seu gênio inspirado é igual a 100 — e ficam *90 para a insatisfação e a decepção*.

Onde se revela mais nitidamente essa distância entre o *fazer* e o *poder*, entre talento e gênio, é no caso do *místico ético*, entre o gênio da visão mística e o talento da execução ética. Quando um ético é simplesmente ético ou moral, filantrópico, humanitário, beneficente social, é fácil que ele se goze complacentemente em sua pequena moralidade (que ele julga grande); é possível que a mande até perpetuar em forma de placa de mármore ou de bronze à entrada de um templo ou em praça pública — isso se compreende, e até se perdoa, a um pigmeu da moral, mas isso nunca acontecerá a um gigante da mística, cuja visão divina transborda parcialmente, e quase fortuitamente, em atividade ética. Ninguém pode ser profissionalmente ético; a ética verdadeira só pode ser um transbordamento parcial e espontâneo da mística. Daí a impossibilidade do verdadeiro ético de se vangloriar da sua ética, que nunca deixará de ser uma gotinha minúscula que saltou do seio do mar imenso e se perdeu nas areias da praia; e, mesmo que fosse uma respeitável poça d'água que a maré tivesse deixado na praia, será que o oceano se orgulharia complacentemente dessa poça d'água, dizendo aos transeuntes: "Vede como eu sou grande — até fui capaz de deixar na praia esta poça de um palmo e meio"...

Moralistas não místicos, artistas não geniais podem orgulhar-se das suas gotinhas ou das suas poças; mas o místico e o gênio contemplam as suas obras com tristeza e vergonha; não gozam aplausos, nem estranham censuras — acham geralmente mais justas as censuras que os aplausos, porque eles mesmos mais censuram e reprovam do que aprovam e louvam as suas obras.

O maior Mestre místico que a humanidade conhece disse a seus discípulos: "Quando tiverdes feito tudo que devíeis fazer, dizei: somos servos inúteis; cumprimos a nossa obrigação; nenhuma recompensa merecemos por isto".

E os autores anônimos da Bhagavad Gita, essa consciência espiritual da Ásia, resumem toda a sua sabedoria na frase lapidar: "Homem, trabalha intensamente, mas renuncia a cada momento aos frutos do teu trabalho".

Essa atitude, seja a do Cristo, seja a de Krishna, é a dos gênios que percebem a distância entre a sua visão genial e a execução do seu talento técnico.

Mas é só no abismo do silêncio dinâmico que o homem enxerga essa verdade.

O silêncio da plenitude — esse grande mestre...

CAPÍTULO 7

Libido e Eros na arte

Desde os tempos de Sigmund Freud, generalizou-se a idéia de que a arte, como, aliás, toda atividade superior do homem, não seja outra coisa senão uma sublimação da libido sexual do ser humano. Freud e muitos dos seus discípulos consideram a libido como a mola real da vida humana; e essa força básica, quando recalcada, se manifesta como neurose doentia, quando não canalizada sabiamente em outras formas de atividade; manifesta-se então como filosofia, ciência, arte, filantropia, religião, mística, quando orientada nessa direção. É o conhecido "pan-sexualismo" do mestre vienense.

Os adeptos dessa teoria aduzem numerosos exemplos da história, tentando comprovar pela vida de homens célebres a verdade da sua tese.

Que dizer dessa ideologia?

Aceitá-la? Negá-la?

Não! Melhor será precisar mais nitidamente o que eles entendem e o que nós entendemos por libido.

O substantivo latino "libido" é derivado do verbo *libere*, que quer dizer "gozar", "ter prazer". Libido é, pois, uma sensação de prazer.

Que espécie de prazer?

Pode haver muitas espécies e muitos graus de prazer, que dependem do nível de consciência de cada ser. O ínfimo nível de consciência é, provavelmente, a consciência *vital*, da qual emana o prazer vital, que é peculiar aos seres vivos do mundo vegetal e animal, e existe também na parte vegetal-animal do homem.

Essa espécie de libido visa à sobrevivência do indivíduo e da espécie. Quando a natureza quer garantir o *necessário* (aqui, a continuação da espécie), serve-se invariavelmente da isca do engodo, do prazer. O que no indivíduo é a fome, a sede, o sono — garantias da continuação do indivíduo isolado —, isso é, no plano da espécie, o desejo sexual, no macho e na fêmea, porque sem esse desejo não haveria suficiente garantia da continuação dos indivíduos por meio da sobrevivência da espécie.

O *gozoso* está a serviço do *necessário*.

O gozoso ou agradável é a última e suprema garantia do necessário.

Se um indivíduo sadio não achasse prazer em comer e beber, correria perigo de morrer, esquecendo-se do "dever" dessas funções vitais; mas, quando o "querer" ou gozar substitui o "dever", a vida individual tem garantia de continuidade. Se o macho e a fêmea, em plena adultez, se unissem apenas por um imperativo categórico de "dever", é certo que a espécie desde há muito estaria extinta. Argumento infalível é somente o "querer", o gozo, o prazer, a libido. Libido, de per si, não é apenas sexual, mas abrange tudo quanto "*libet*" (agrada).

Há uma libido *vital*.

Há uma libido *mental*.

Há uma libido *racional* (espiritual).

Entretanto, é de praxe restringir esse termo ao prazer vital. As espécies superiores de libido — mental e racional — são chamadas, em grego, *Eros*.

Eros, na sua forma mais alta, é o verdadeiro Amor.

O que os nossos romancistas costumam chamar amor é, quase sempre, libido vital entre macho e fêmea, isto é, egoísmo biológico a dois.

Pode ser que o resultado dessa dupla libido masculina-feminina seja um terceiro indivíduo humano, o filho; mas, na maior parte dos casos, o filho não é o fim visado pelo casal, é apenas um *subproduto*, não raro indesejável; o verdadeiro fim da libido bissexual é, geralmente, a satisfação do desejo biológico do homem e da mulher.

Se o ser humano fosse apenas animal, deveríamos pôr aqui ponto final à questão. Entretanto, é fato que o ser humano, embora seja também animal, é mais do que isso — é também um ser *mental* e *racional*. E, por isso, a libido humana é também Eros.

A libido é do *anér* e da *gyné*, palavras gregas para macho e fêmea.

O Eros é do *ánthropos*, como os gregos apelidam o ser humano como tal, sem focalizar a sua natureza sexual (em alemão *Mensch*).

Infelizmente, a nossa linguagem comum chama "erótico" o que

devia chamar "libidinoso". Sendo o ser humano, completo, uma entidade vital-mental-racional, é certo que o Eros inclui a libido; mas esta não inclui aquele.

No *mais* está o *menos*, mas no *menos* não está o *mais*, pelo menos não totalmente.

Na libido não está o Eros, no Eros está a libido, embora nem sempre em estado *atualizado*; é possível que um homem de elevado Eros eclipse a sua libido, embora esta exista nele em forma *potencial*. Nesse caso, libido não foi *sublimada* em Eros, mas superada e eclipsada, assim como o sol meridiano eclipsa a lua e as estrelas, que continuam a existir no céu, invisíveis.

Mestre Platão, séculos antes da era cristã, desenvolveu magistralmente esse tema do Eros no *ánthropos*, que ele considera hermafrodita (Hermes e Afrodite), e sua bifurcação na libido do *anér* e da *gyné*. Como vidente genial da universalidade, não confunde o grande pensador ateniense a libido animal com o Eros humano.

Muito poderiam Freud e seus discípulos aprender na Academia de Platão, se a freqüentassem.

* * *

Da filosofia helênica passemos para as suas mais remotas nascentes, na Índia. A filosofia oriental usa freqüentemente a palavra *kundalini*, derivada de *kundala*, que quer dizer "enroscado". Refere-se à serpente, que costuma dormir e hibernar em forma de um círculo enrolado, tendo a cauda do lado de fora, e a cabeça para dentro do círculo. Assim, diz a sabedoria hindu, é o homem: nele existe uma força básica, que, no princípio, se acha em estado de dormência subconsciente; mais tarde aparece semi-acordada; e, finalmente, *kundalini* se ergue pleni-acordada. É o homem nos planos *vital*, *mental* e *racional*, ou seja, subconsciente, semiconsciente e pleniconsciente.

No estado subconsciente, meramente vital, *kundalini* se revela como força vital, tanto individual como sexual; nesse estado, o homem só conhece a libido, e dela derivam todas as suas atividades; o mental e o racional bebem do manancial do vital. Mas esse vital encerra em si, potencialmente, algo supravital e algo ultramental. Embora esse homem pareça ser totalmente vital, a sua vitalidade encerra mais do que ele sabe conscientemente; age inconscientemente em virtude do seu mental e do seu racional, ainda dormentes.

Enquanto *kundalini* permanece enroscada, está o homem na zona subconsciente do instinto.

Quando *kundalini* desperta e se desenrola, começando a rastejar horizontalmente, entra o homem na zona mental do seu ego, da sua persona (máscara).

Finalmente, *kundalini* abandona o plano horizontal e se verticaliza rumo às alturas, quando o homem, ultrapassando a mentalidade do ego, entra na racionalidade do Eu, na zona pleniconsciente do Lógos, que, neste sentido, equivale à mais alta forma do Eros, que é o Amor.

Em terminologia sânscrita, poderíamos dizer que:

— *kundalini* vital é *Maya* (natureza),

— *kundalini* mental é *Aham* (Ego),

— *kundalini* racional é *Atman* (Eu).

No primeiro plano, o homem é simplesmente *anér* ou *gyné*.

No segundo plano é *Lúcifer*.

No terceiro plano é *Lógos*.

* * *

O que as filosofias da Grécia e da Índia tentaram analisar simbolicamente, isso mesmo aparece, em longínquas parábolas e alegorias, nas páginas do Gênesis de *Moisés* e do Evangelho do *Cristo*. Moisés nos fala da "*serpente*", que tirou o homem primitivo do Éden, isto é, do subconsciente da natureza, e o lançou ao meio de um mundo coberto de "espinhos e abrolhos", quer dizer, à zona do ego consciente, onde começaram todos os seus problemas e sofrimentos. Até o presente dia se acha o homem nessa zona da "serpente rastejante" — "sobre teu ventre rastejarás e comerás do pó da terra" —, simbolizando o segundo estágio de *kundalini*, acordada, horizontal, mas ainda não verticalizada. Moisés insinua obscuramente essa futura verticalização do ego horizontal, quando diz que um poder maior nascerá de dentro do homem e "esmagará a cabeça da serpente", isto é, o homem-Eu superará o homem-ego; a serpente rastejante culminará na serpente "erguida às alturas", como diz de si mesmo o Cristo, aludindo ao misterioso simbolismo de Moisés, que, no deserto, verticalizará a figura da serpente, a fim de salvar os que tinham sido mordidos pelas "serpentes de fogo" que rastejavam na terra. O Cristo-Lógos atribui a si a mais alta forma evolutiva da *serpente-kundalini*, a racionalidade superando a intelectualidade.

Libido subconsciente é inocente.
Libido egoconsciente é pecadora.
Libido logoconsciente (Eros) é redentora.

EROS { racional (libido Eu-humana, Atman)
mental (libido ego-humana, Aham)
vital (libido animal, Maya)

* * *

Do exposto pode o leitor deduzir até que ponto é exata a afirmação de que toda arte seja sublimação da libido recalcada.

A psicologia de Freud e de seus primeiros discípulos se move no plano da filosofia de Schopenhauer exposta no livro *Der Wille zum Leben* (A vontade de viver). Schopenhauer acha que a mola real do homem é "viver". A psicologia de Freud proclama o axioma "viver e fazer viver" como quintessência da atividade humana.

Alfred Adler, um dos seus discípulos, descobriu que o homem não está satisfeito com um simples viver horizontal, cômodo, medíocre, mas que ele quer "viver melhor" — e com isso envereda Adler na filosofia de Nietzsche sintetizada na obra *Der Wille zur Macht* (A vontade de dominar). O homem não está contente com um simples viver horizontal, ele quer viver ascensionalmente, poderosamente, até perigosamente ("*gefaehrlich leben*"), quer eclipsar os outros, os infra-homens e viver como *super-homem*. A mola real da vida humana, segundo Nietzsche, não é a simples libido vital, mas sim a *libido mental*, a ambição, o incessante anseio de ascender e superar. E a psicologia de Adler vai na mesma direção, quando proclama a ambição mental como a mola real da vida humana.

O *pan-mentalismo* de Adler eclipsou o *pan-vitalismo* de Freud.

* * *

Entretanto, nos últimos decênios apareceram insignes pensadores, tanto na filosofia como na psicologia e na psicanálise, que ultrapassaram Schopenhauer e Nietzsche, Freud e Adler; não contentes com um homem *horizontal* (vital) nem *ascensional* (mental), descobriram que o homem integral é *vertical* (racional), completando assim o ângulo reto da sua plenitude. Henri Bergson focaliza, em sua filosofia, o homem total, mostrando que o íntimo anseio do ser humano não é apenas a "vontade de viver", nem a "vontade de viver poderosamente", mas sim o anseio profundo de "viver plenamente", no tempo e no espaço. Mas, como a plenitude do homem consiste na sua racionalidade, ultravital e ultramental, o homem só vive plenamente quando vive sob o signo da sua racionalidade, base da sua imortalidade.

Psicólogos e psicanalistas como Erich Fromm, Carl G. Jung, Victor Frankl, e muitos outros dos últimos tempos, seguem, no plano psicológico, a orientação filosófica de Bergson. Sobretudo Jung, o mais profundo e penetrante dos psicólogos ocidentais, concebe o homem como essencialmente racional (espiritual), cuja mola real está no seu Eu (alma) eterno e infinito.

Em face dessas conquistas da ciência, no campo filosófico e psicológico, o postulado freudiano sobre a libido ou pansexualismo do homem se situa num plano essencialmente diverso. Se o homem é, em seu centro profundo, a racionalidade, então a sua libido deixa de ser meramente vital-sexual, de *anér* e *gyné*, mas atinge as alturas do Eros espiritual do *ánthropos*, do ser humano em sua integridade.

A libido é da animalidade.

O Eros é da humanidade.

Todo animal conhece libido — nenhum animal conhece Eros.

Para o animal — macho e fêmea — é indiferente que seja A, B ou C o instrumento catalisador da sua satisfação sexual. Para o macho basta qualquer fêmea; para a fêmea basta qualquer macho. Se há uma preferência, sobretudo da parte da fêmea, obedece ela a um impulso instintivo biológico ou biogenético, a seleção do mais forte, e, como a força da vitalidade se manifesta, geralmente, pela beleza física, a fêmea (sobretudo nas aves) aceita, de preferência, o macho mais belo, mais vistoso, mais valente, para ser por ele fecundada, porque isso lhe garante prole vigorosa, favorecendo a "sobrevivência do mais apto" e a "seleção natural". Nesse caso, há uma espécie de sublimação da libido em beleza, e até em arte. A dança dos tangarás revela apurado senso estético e artístico; quem nunca a presenciou, no fundo das nossas matas, perdeu um dos mais belos espetáculos da nossa natureza. E todo esse bailado dos machos em torno da fêmea está a serviço da reprodução, que supõe a libido. Se o homem nunca tivesse ultrapassado o plano horizontal da libido vital, seria lógico concluir que todo o seu anseio de arte e estética fosse apenas a sublimação do instinto sexual. Mas isso é desconhecer a natureza humana em sua totalidade.

* * *

Resta-nos dizer uma palavra sobre a idéia de "recalcar" a libido, ou o Eros, a fim de realizar a sua sublimação em forma de arte. Que quer dizer "recalcar"? Não é suprimir, abolir, extinguir?

Pergunto: haverá algo na natureza humana que deva ser *supresso* para que algo possa ser *expresso*? Seria a natureza humana tão imperfeita?

Não, nada do que faz parte da natureza humana deve ser recalcado ou extinto — tudo deve ser orientado, disciplinado, harmonizado.

Mas, quando o homem-vital não consegue pôr a sua libido a serviço do Eros do homem-racional, quando a sua humanidade sucumbe à sua animalidade, reina a desordem, o caos, a indisciplina, que não podem gerar arte, beleza, estética, uma vez que a arte é essencialmente uma expressão da harmonia cósmica. A substituição da ordem cósmica pela desordem caótica resolve o problema. O homem-libido, quando transformado em homem-Eros, recosmifica o seu caos, e dentro desse ambiente pode prosperar a arte e qualquer atividade superior do homem-homem, que deixou de ser homem-animal. O *ánthropos* redime o *anér* e a *gyné*.

Esse "recalque da libido", de que falam os freudianos, é, pois, em última análise, uma disciplina, uma retificação, uma integração da parte no Todo, uma cosmificação.

Para que o homem possa realizar essa integração cósmica, é indispensável que tenha uma noção profunda da sua verdadeira natureza humana, e essa noção tem de culminar em vivência direta e imediata. Ninguém sabe realmente aquilo que apenas leu, ouviu ou pensou; quem não viveu o *seu saber* não o sabe, porque saber quer dizer saborear. *Saber* é *Ser*.

O artista genuíno e integral é, portanto, aquele que possui tão profundo autoconhecimento e autovivência que pode pôr a serviço da beleza da arte toda a verdade da sua natureza humana — que é Eros, Lógos, Amor.

CAPÍTULO 8

Incubação e eclosão artísticas

Era uma vez duas galinhas; ambas estavam incubando uma ninhada de ovos.

Uma era *empírica-analítica*, a outra *intuitiva-metafísica*.

No fim do terceiro dia, a galinha analítica — que vamos chamar simplesmente Análise — deu um profundo suspiro e disse à sua colega intuitiva — a que daremos o nome Intuição:

— Você acha que há vida nesses ovos?

— Acho que sim — respondeu a outra.

— Você é muito crédula — volveu a primeira. — Há três dias e três noites que estou escutando, e não percebo nenhum ruído, nenhum movimento no interior dessas cascas brancas.

— Hum! — fez Intuição, dando ligeiro muxoxo com o bico. — Pelos modos, você pensa que vida é ruído e movimento...

— Penso muito; você tem razão; e você parece pensar pouco.

— Que é que você pensa?

— Se vida não é ruído e movimento, então não é nada mesmo. Acho que estamos perdendo o nosso tempo e as nossas forças, chocando cascas mortas, cheias de nada e de vácuo. Penso muito, muito, muito...

— Cheios de nada e de vácuo? Que palavras estapafúrdias são essas?...

— São termos da minha filosofia empírica-intelectual...

Houve momento de silêncio entre as duas galináceas. Quase que não se ouvia, no meio desse silêncio, a força do pensamento de Análise, e a grande paciência de Intuição. Finalmente, dando outro suspiro prolongado e meio pessimista, disse Análise:

— Estou emagrecendo... Também não é para menos... Há três

dias e três noites que estou com 39 graus de febre... Que coisa estúpida é essa incubação...

— Essa febre é necessária — observou Intuição.

— Necessária para quê?

— Para despertar a vida dormente nos ovos.

— Vida dormente? Vida dormente?... — e a incrédula deu uma gargalhada de escárnio. — Como se houvesse tal coisa. Vida que dorme não é vida... Não, não agüento mais. Eu sou uma galinha intelectual, científica, galinha que pensa. Não sou nenhuma galinha-morta que creia em vida dormente, vida sem vida. Sou uma pensadora empírica... Penso muito, muito, muito... Metafísica não é comigo...

Isto dizendo, a galinha analítica quebrou um dos seus ovos com a ponta do bico e derramou o conteúdo pelas palhas do ninho.

— Está vendo? Está vendo? — exclamou triunfante. — Nem vestígio de vida. Tudo é clara e gema morta, sem movimento... Minha amiga, você é vítima de uma crença absurda. Acabe com essa mistificação! Acabe com essa febre maluca! Vá ciscar minhoca gostosa!...

Com essas palavras, D. Análise saltou do ninho e se afastou às pressas, deixando a colega sozinha na penumbra do galinheiro, prosseguindo na enfadonha incubação.

Passaram-se mais dezoito dias, depois desse colóquio. Exatamente no 21º dia, a contar do início da incubação, deparou Análise com um bando de pintinhos, que pareciam outras tantas bolas macias de veludo e creme. E, no meio dos pequeninos, Intuição, a ciscar valentemente, chamando com um alviçareiro glu-glu-glu toda vez que encontrava um suculento petisco para a dileta prole. Os pintinhos acudiam pressurosos, mas só engoliam o biscato depois que a mãe o tomava no bico e jogava no chão, gesto que, em linguagem galinácea, quer dizer: "É comestível! Não é veneno!"...

— Onde foi você arranjar esse bando de pintinhos? — perguntou Análise, cheia de surpresa.

— São meus filhos — respondeu a outra, continuando a ciscar. — Saíram dos meus ovos; doze, não gorou um só...

— Uéée! — fez a outra, entre pensativa e incrédula. — Então, havia mesmo vida naquelas cascas brancas? Penso muito...

— Vida potencial, que se fez vida atual pela incubação — replicou a outra, enquanto descobria mais uma minhoca gorda na terra úmida. — Você não teve fé no invisível; destruiu com a sua profanidade a sacralidade da vida dormente...

E houve um grande silêncio em derredor...

* * *

O texto hebraico do Gênesis diz que, no princípio, o espírito de Deus "incubava o *cháos* e dele saiu o *kosmos*".

A palavra grega *cháos* (e sua equivalente em hebraico) quer dizer abismo, vácuo, treva, no sentido de "potência" ou "potencialidade". O futuro *kosmos* estava implicitamente contido no *cháos* inicial; o invisível da qualidade dormia no visível da quantidade; o ato cósmico saiu da potência cósmica, que era o tal *cháos*, abismo imenso de potencialidades ainda não atualizadas, porém atualizáveis — e depois atualizadas, porque o calor vitar do espírito de Deus incubava esse ovo cósmico...

Quando o *cháos* amorfo assumiu forma, nasceu o *kosmos* — estupenda eclosão após misteriosa incubação!...

O nosso ego periférico só entende de eclosão — e nada quer saber de incubação —, ao passo que o nosso Eu central enxerga nitidamente o secreto liame que existe entre esta e aquela, e por isso quer a incubação por amor à eclosão. O ego é cego ou míope, enquanto o Eu é vidente e clarividente.

A incubação é a continuação da inspiração, a eclosão é o termo final das duas.

Inspirar, incubar, eclodir — é este o processo total da atividade creadora.

Inspirar é conceber.

Incubar é gestar.

Eclodir é nascer.

Segundo Lavoisier, e a ciência física em geral, neste mundo nada se crea e nada se aniquila, tudo se transforma apenas.

Se esse processo abrangesse o mundo da Realidade total, não poderíamos falar em atividade creadora, mas apenas num processo criador, transformador.

Transformar é, como a palavra diz, passar de uma forma para outra forma.

Crear não é passar de uma forma finita para outra forma finita — crear é passar do Infinito para o finito, do Universal para o individual, do Abstrato para o concreto, do Todo para as partes. O contrário desse "crear" é "des-crear" ou aniquilar, reduzir o algo "creado" ao nada "des-creado"; é "*annihilare*", como diz o latim, reduzir o algo ao "*nihil*", ao nada.

Será possível esse processo "*creador*" e "*anihilador*"? Essa transferência de uma parte finita do Todo Infinito ("crear") e da retroversão da parte finita para o Todo Infinito? Essa finitização do Infinito, e essa reinfinitização do finito? Será possível tirar do oceano do Todo Infinito uma onda de parte finita, e depois fazer recair essa onda parcial para dentro do oceano total?

Se tal processo é possível, então existe o processo "creador" e o processo "des-creador" ou aniquilador.

A "creação" e a "descreação", como se vê, não se referem ao início ou ao fim do *Ser*, mas tão-somente ao início e ao fim do *Existir*. O *Existir Fenomenal* tem início, e pode ter fim; mas o *Ser Numenal* não teve princípio nem terá fim.

Segundo a ciência natural, não há creação nem aniquilação de finito a finito; há apenas metamorfoses, transformações, mudança de um finito em outro finito, que é criação. A semente é uma planta potencial, e a planta é uma semente atualizada. E, depois que a planta morre, os seus componentes, compostos na planta, tornam a ser elementos não compostos organicamente, mas ficam na terra e no ar, aguardando nova recomposição num composto orgânico, porque, mesmo em estado decomposto, esses elementos básicos da planta são componíveis e recomponíveis.

Pergunta-se quem ou que é o último *componente* que realiza esses *compostos*... Os compostos em si — ferro, cálcio, fosfato, nitrogênio, hidrogênio, oxigênio, etc. — não são, por virtude própria, componentes, autocomponentes; são apenas componíveis, alo-componíveis. Se não houvesse um invisível componente, ou compositor, para além desses visíveis componíveis, nunca apareceria um composto.

O invisível componente ou compositor que produz o composto chama-se *vida*. Essa vida é individual na planta viva, mas ela é universal em si mesma, fora da planta. Na planta, a vida individual é imanente, finita — fora da planta, e fora de todas as plantas e outros indivíduos vivos, a Vida é Transcendente, Infinita.

Quando a planta individual A produz a planta individual B, há simples transferência de uma vida imanente para outra vida imanente, de vida finita para vida finita, que a ciência chama "transformação". Mas obriga-nos a lógica a admitir um fenômeno pré-transformista, algo que preceda essa longa cadeia de transformações finitas e individuais. A transformação é uma reação em cadeia, uma continuação de finitos após finitos; nada diz do início dessa cadeia de finitos transformantes e transformados. Mas toda continuação supõe um início. Continuísmo é um derivado, que supõe um inderivado, um iniciante, uma iniciativa.

Para além e para aquém de todas as séries de continuações e transformações deve haver um *primeiro início*, e pode haver um *último fim*, uma "creação" e uma "descreação", isto é, um processo do Infinito para o finito, e do finito para o Infinito. Da Essência fluem as Existências, e as Existências refluem à Essência.

Esse processo Essência-Existência e Existência-Essência se chama "creação"; e seu contrário, a "descreação", comumente chamada aniquilamento (morte). Esse aniquilamento, repetimos, se refere à Existência de um indivíduo finito, e não à Essência do Infinito Universal.

* * *

Ora, pergunta-se: algum homem — em nosso caso, o artista — pode realizar um ato "creador"? Individualizar parte do Universal em forma individual? E, caso esta "creação" seja possível, pode um agente finito realizar também o processo inverso, a "descreação", a redução do algo existencial ao nada existencial (aniquilamento)? Com outras palavras, pode um agente finito — o homem, por exemplo — fazer nascer essa onda de vida finita do seio da Vida Infinita — e pode ele também fazer desnascer (morrer) dessa vida finita, fazendo-a recair ao oceano da Vida Infinita (morte)?

Respondemos que nenhum ser finito pode realizar um ato "creador", no sentido descrito, porque essa transferência do Infinito para o Finito (nascer) supõe um poder infinito, ato *positivo* de que nenhum agente finito é capaz.

Por outro lado, porém, pode um agente finito "descrear", isto é, reduzir uma vida finita à Vida Infinita (matar), porque esse ato tem caráter *negativo*, que está no poder do agente finito.

Só uma Causa Infinita pode "crear" vida finita de qualquer espécie — mas uma causa finita pode "descrear" vida finita, reduzindo-a ao seio da Vida Infinita.

O positivo ("crear", vivificar) é da Causa Infinita.

O negativo ("descrear", matar) está ao alcance das causas finitas.

Mas não causam os pais a vida do filho? Não causam a semente e o ovo a vida da planta e da ave?

Aqui começa a grande ilusão, quase universal no seio da humanidade. Os pais ou outros agentes finitos não *causam* a vida dos filhos, apenas *condicionam* a sua individualização, a sua *finitização*, a sua existencialização.

O único modo de "crear", da parte de agentes finitos, é um "crear condicional", e não um "crear causal". Causa é um agente interno, condição é um agente externo. Causa diz fonte original, condição diz canal derivado. As águas da Vida nascem da Fonte, do Uno, do Infinito, do Absoluto, do Eterno, mas fluem através de canais, de Diversos, de Finitos, de Relativos, de Temporários.

Não só os pais humanos são "creadores condicionais" de vida; todos os pais funcionam como "creadores" dessa natureza.

Entretanto... e aqui estamos na grande bifurcação, na encruzilhada cósmica do Universo... Quando um "creador condicional" se torna consciente de que "eu e o Infinito somos um", consciente da sua essencial identidade com o Todo, apesar da sua diversidade existencial como parte — então começa ele a participar da "creatividade causal" do próprio Infinito; então torna-se o homem um "creador causal", por *participação*, assemelhando-se ao "Creador Causal" por *natureza*, que é somente o Infinito. Então o homem se torna *existencialmente* um "creador causal", refletindo em si a imagem do "Creador Causal" por *essência*, que é o Infinito, o Todo, o Absoluto.

E então o homem pode não somente "descrear" (matar), como o homem comum, mas pode também "re-crear" (revivificar), por ser partícipe consciente do Infinito. Esse ato "creador" restitui a vida individual a um organismo individualmente desvitalizado, morto.

Para que essa *incubação* "creadora" tenha início, necessita o homem, o artista, de uma *concepção*, isto é, de um contato vital com a Fonte da Vida Infinita. Verdade é que todos os finitos têm contato vital com o Infinito, mas, por via de regra, esse contato é meramente *objetivo*, *inconsciente*. É necessário que esse contato vital se torne também *subjetivo*, isto é, intensamente consciente. É necessário que o homem sinta, viva e saboreie — "com toda a sua alma, com todo o seu coração, com toda a sua mente e com todas as suas forças" — que ele e o Infinito são essencialmente um, embora ele seja existencialmente menor que a essência Infinita. Esse lampejo místico do UNO, para além de todos os DIVERSOS; essa experiência cósmica EU SOU — EU SOU, agora, aqui, para sempre e por toda a parte — é o momento solene e inefável da concepção mística, que infunde no seio da alma finita o germe vivo da Realidade Infinita. Essa fecundação mística é possível, porque "a alma humana é crística (divina) por sua própria natureza" (Tertuliano); porque existe afinidade específica entre o "Deus imanente" de minha alma e o "Deus Transcendente" do Universo Cósmico; pois "nós somos de estirpe divina" (Paulo de Tarso, em Atenas). Essa fecundação mística do "Deus individual" (alma) pela "Divindade Universal" (Espírito Infinito) é *possível* em todo ser humano, mas torna-se *real* somente na alma em plena maturação, em adultez espiritual, na "virgem sábia" que, em plena meia-noite, está à espera do Divino Esposo, e, quando lhe pressente a chegada, acende a sua lâmpada plena de óleo sagrado e lhe vai ao encontro para celebrar as suas núpcias cósmicas.

Essa "virgem sapiente", essa alma espiritualmente adulta e núbil, é todo ser humano que desenvolveu o seu "faro cósmico" e aperfeiçoou o seu olfato metafísico-místico ao ponto de "farejar" a grande e única Realidade-Causante, para além de todas as pequenas pseudo-realidades causadas.

O gênio creador não é, a bem dizer, creador na eclosão, nem na incubação, mas sim na concepção. Incubação (gestação) e eclosão (nascimento) são apenas corolários da concepção creadora.

* * *

Em face disso se compreende, até certo ponto, a estranha indiferença do verdadeiro gênio em face do impacto externo da sua obra. Os resultados externos apenas lhe "acontecem", são aditamentos extrínsecos, fortuitos, às vezes presentes, às vezes ausentes, mas nunca importantes. Esses acontecimentos — dinheiro, aplausos, admiração, compreensão, e quaisquer outros resultados objetivos — não dependem propriamente do artista; dependem das circunstâncias fortuitas, que não dependem dele — e como poderia o artista genial, soberanamente liberto, escravizar-se ao ponto de depender de algo que não depende dele? O gênio é um homem 100% liberto. Se lhe acontecerem resultados externos, da parte do ambiente objetivo, ele os aceita serenamente, sem vaidade; se lhe faltarem esses resultados externos, o artista genial não se entristece, não se sente frustrado, não desanima, não pára na marcha retilínea da sua jornada; não é derrotado pelos sucessos e louvores da direita, nem pelos insucessos e vitupérios da esquerda; nada o pode derrotar, nada o faz sustar a jornada; vai em linha reta, seguindo a voz misteriosa, forte e suave, que o chama a uma meta que os outros não conhecem e que ele mesmo antes vislumbra do que enxerga nitidamente.

Segue a sua "vocação". Vocação é o som da "*vox*" que voca e que o gênio percebe; ele é "vocado" misteriosamente por essa "*vox*". Vocação não é profissão. Pode a profissão do artista ser totalmente profana, prosaica, horizontal — a sua vocação é sagrada, sublime, vertical. Fazer da vocação uma profissão é, quase sempre, trágico; ou a vocação é assassinada pela profissão — ou esta adultera aquela. Em qualquer hipótese, a vocação não deve depender da profissão.

O desejo de resultados palpáveis vem da profissão, que é do ego humano, do talento técnico. O Eu divino nada sabe de resultados; o gênio habita em outras regiões do Universo, no Paraíso da Liberdade.

"Trabalha intensamente", diz a sabedoria da Bhagavad Gita, "e renuncia a cada momento aos frutos do teu trabalho."

E a sapiência crística do Evangelho diz a seus discípulos: "Quando tiverdes feito tudo o que devíeis fazer, dizei: somos servos inúteis; cumprimos a nossa obrigação — nenhuma recompensa merecemos por isto".

O gênio, o místico, o Eu divino, descobriu uma nova dimensão em sua vida, a zero-dimensão da *qualidade real*, que impera para além das três dimensões das *quantidades pseudo-reais*. Superou a escola primária do á-bê-cê e matriculou-se na Universidade da suprema sapiência. Lá de cima contempla ele, como espectador na platéia, a costumada lufa-lufa dos profanos, que ele compreende, mas não acompanha, ao passo que os profanos não compreendem o iniciado.

As *alo-realizações* dos profanos não mais interessam ao iniciado como fins; continuam a interessar-lhe como meios para a sua *auto-realização*. Ele põe todas as quantidades externas a serviço da qualidade interna.

Os profanos se escravizam por *fins*.

O iniciado se liberta por *princípios*, aos quais subordina os fins, os meios.

De vez em quando, um profano (o homem dos fins) lhe dirá que essa auto-realização também é egoísmo, mas o iniciado (o homem dos princípios) sabe que o Eu universal não é escravizado pelo ego individual.

A concepção mística da Verdade Libertadora leva o gênio através de pacientes incubações a gloriosas eclosões.

Alguns decênios atrás, um médico-psicólogo vienense, Sigmund Freud, alarmou o mundo com a descoberta de que o "consciente" de homem é regido pelo seu "inconsciente". Freud identificava o inconsciente com o *infraconsciente*, a zona vital-animal do homem.

Depois dele, grandes cientistas como Erich Fromm, Carl G. Jung, Gomes de Araújo, Victor Frankl e muitos outros nos dizem que o inconsciente é também, e de preferência, o *supraconsciente*. Teilhard de Chardin diria que a *noosfera* mental, embora baseada na *biosfera* vital, é regida pela *logosfera* racional, que abrange a imensa zona do mundo espiritual, que é a essência tanto do Universo como do homem. Já o grande Toth do Egito (cerca de dois mil anos antes da era cristã) — esse Toth que os gregos chamavam o "Hermes Trismegisto" (o sábio três vezes magno) — dizia, no primeiro dos "Sete Princípios Herméticos", que a essência do Universo é Razão, Lógos, e que todo o Universo é racional, lógico. E, sendo o *ánthropos* um *mikrokosmos*, síntese do *makrokosmos*, é também o homem essencialmente Lógos, Ratio, Razão.

A limitada superfície desse mar imenso da racionalidade humana chama-se mente, intelecto, ego, persona, que não representa 1% do nosso *ánthropos* total; mais de 99% do cosmos humano é inconsciente, é para nós treva, ignorância, vácuo, nada, um ignoto X.

É nesse grande Inconsciente do Infinito e do Absoluto que mergulham as raízes profundas do nosso ego consciente. As zonas incomensuráveis que se alargam para além das fronteiras do nosso consciente são o Inconsciente, o grande Todo, que nos parece o Nada.

O exímio médico e psiquiatra Victor Frankl, diretor da clínica neurológica de Viena, publicou, ultimamente, uma série de livros sobre a zona do grande Inconsciente ou Supraconsciente no homem. Um deles se intitula *A presença ignorada de Deus* (*Der Unbewusste Gott*); outro, *O homem incondicionado* (*Der Unbedingte Mensch*); outro ainda, *Logoterapia e análise existencial* (*Logotherapie und Existenzanalyse*)[1].

Em todos esses livros focaliza o autor o fato de que as mais profundas realidades da natureza humana se acham em estado de incubação inconsciente, aguardando eclosão consciente.

---

[1] A primeira edição da presente obra é de 1966, quando o austríaco Victor Frankl (1905-1997) era de fato diretor da Policlínica Neurológica de Viena, cargo que ocupou de 1946 a 1970. As obras citadas são de 1948, 1949 e 1957, respectivamente. (N. do E.)

O homem não sabe ainda o que é, sabe um pouco daquilo que tem.

O homem-ego vive arranhando as periferias da sua personalidade, ignorando o centro da sua individualidade.

Essa incubação rumo à eclosão exige longos períodos de silêncio e grande cabedal de paciência.

Assim como, no princípio, o espírito de Deus incubava o *cháos*, a fim de provocar a eclosão do *kosmos*, assim deve o homem, sobretudo o artista, incubar o artista, incubar o seu "Deus Inconsciente".

Todo homem é potencialmente artista. A fim de se tornar atual e explicitamente o que já é potencial e implicitamente, deve ele ter a intuição profunda, o "faro cósmico" da sua onipotência — essa onipotência ora dormente, e, um dia, acordada.

Todos os seres medíocres vivem a sua superfície consciente — e todos os seres grandes vivem as suas profundezas e altitudes inconscientes.

É necessário que o artista saiba ligar o seu canal humano com a Fonte Cósmica; que saiba produzir no seu ego um "vácuo de sucção" tão veemente que a plenitude do cosmos se sinta irresistivelmente sugada por esse impetuoso vazio e flua com grande abundância para dentro dele.

É tempo e trabalho perdido querer fazer fluir pelos canais do consciente as águas vivas da Verdade e da Beleza, se esses canais não tiverem contato direto com a plenitude da Fonte, o Inconsciente, que é o Infinito, o Absoluto.

Essa vacuidade dos canais, que desafia a plenitude da Fonte, é algo como uma ausência onipresente, um silêncio sonoro, um deserto transbordante de vida, um Inconsciente oniconsciente.

O artista que mergulhar nessa luminosa treva e incubar o abismo desse *cháos* eclodirá o mais grandioso *kosmos* de Verdade e de Beleza.

CAPÍTULO 9

A técnica imanente a serviço da inspiração transcendente

Num tratado filosófico sobre a arte não podemos prescindir de dois termos clássicos da filosofia — a *transcendência* e a *imanência*.

E com isso focalizamos mais uma vez a constituição cósmica do Universo, que é ao mesmo tempo *Essência no plano ontológico*, e *Existência no plano lógico*.

O ontológico é o Ser (*ôn*, *ontos*, em grego).

O lógico é o conhecer (*lógos*, em grego).

A Essência do plano ontológico do Ser é expressa pelo termo UNO.

A Existência do plano lógico aparece na palavra VERSO.

O Universo é uno no seu Ser, e múltiplo no seu Existir — UNIVERSO.

O uno se refere à causa, o diverso indica os efeitos.

O uno é o *transcendente*, os diversos são o *imanente*.

Trans quer dizer além, *in* significa dentro.

A Essência do Ser, a Causa do Universo, o Uno, jaz *trans*, além do nosso conhecer, inatingível, incognoscível, como se fosse um puro nada, um não-ser. O Infinito é para qualquer indivíduo finito o Nada, o Vácuo, o Irreal. E, de fato, o Infinito, o Absoluto, o Todo, o Real, é para o cognoscente finito o inexistente, o não-existente, porque o cognoscente finito só admite como existente aquilo que é acessível à sua faculdade cognoscitiva. Mestre Kant incubou, durante meio século, em Koenigsberg, o magno problema da "razão pura" e da "razão prática", e chegou à conclusão final de que a "coisa em si" (*das Ding an sich*) é eternamente transcendente ao nosso conhecimento consciente, jaz nas ignotas regiões do Inconsciente, do Ignoto, do Nada, do Vácuo, para além de todas as fronteiras do nosso conhecer. "O meu mundo", diz ele, "é o mundo interno do meu conhecimento consciente; daquele outro mundo, do mundo externo, do *mundo em si*, nada sei. Sei algo do *mundo em mim*, nada sei do mundo em si. Porque onde está esse mundo em si, lá não estou eu; e onde está o mundo em mim, lá não está o mundo em si. Há, portanto, um abismo intransponível entre o mundo em si e o mundo em mim."

O mundo em si é o transcendente — o mundo em mim é o imanente.

Verdade é que o mundo em si, o transcendente, atua sobre mim, por meio dos sentidos, e as impressões dos sentidos são elaboradas pela faculdade mental do intelecto; percebemos e concebemos cores, formas, espaço e tempo, e com essa matéria-prima arquitetamos o nosso mundo interno, e vivemos na ingênua ilusão de que essa arquitetura subjetiva seja idêntica ao mundo objetivo, lá fora, ao mundo em si, esse eterno X do nosso conhecimento. Falamos com estupenda afoiteza do mundo em si — o mundo é assim, assim — como se fosse o meu melhor conhecido de muitos anos, quando, na realidade, esse mundo em si, objetivo, transcendente, é zero e vacuidade, um nadíssimo nada, para o meu conhecimento, porque o abismo que medeia entre o *ser transcendente* e o *conhecer imanente*, entre o *mundo em si* e o *mundo em mim*, é intransponível, sem ponte, sem ligação. Os inexperientes, é verdade, falam em cores e formas e outros atributos que seriam do mundo externo, mas os experientes sabem que lá onde eu percebo o meu mundo subjetivo — digamos dentro do reduto do meu consciente — não há cores nem formas. Também, como poderia haver cor — vermelho, verde, azul, etc. — na profunda escuridão do meu cérebro, lá onde eu percebo o mundo? Essa ingenuidade tradicional até dá vontade de repetir a pergunta pilhérica "que cor tem o interior de uma melancia antes de ser cortada?" Todos, é claro, respondem que tem cor vermelha, e não compreendem que essa cor não existe no interior da melancia antes de ela ser cortada, porque as cores são produto da luz solar, e não existem como cores onde não há luz. E como é que as sete cores do arco-íris (além de milhares de outras que a nossa retina visual não registra) existiriam dentro da "melancia" fechada do nosso cérebro, envolto em completa escuridão?

Cor é uma tradução, termo equivalente a alguma vibração incolor produzida pelo mundo de fora, e que, dentro de nós, é denominada vermelho, verde, azul, etc. A cor pode existir objetivamente em sua *causa*, mas não em seu *efeito*.

Uma certa ala da escola kantiana, convencida da não-objetividade do nosso mundo interno, chegou à conclusão de que lá fora não existe coisa alguma, nem sequer causalmente. E com isso nasceu o *idealismo metafísico*, afirmando que nada há de objetivo, que tudo é apenas subjetivo; o mundo em si é uma simples projeção do mundo em mim, produzida por mim.

Desse modo, o *objetivismo dos sentidos e do intelecto* acabou em *subjetivismo da vontade*. O suposto conhecer de *fora para dentro* se transformou num querer de *dentro para fora*. O mundo não me faz, porque o mundo não existe, eu faço o mundo para que ele exista. Eu sou o creador do mundo em mim e do mundo em si.

Desse modo, o velho *intelectualismo* objetivo acabou neste novo *volicionismo* subjetivo.

No plano político, o intelectualismo renascentista se chama *democracia*, e o volicionismo moderno se chama *ditadura*, ou totalitarismo em todas as suas formas, da direita e da esquerda. O ditador não se guia por um *entender objetivo*, mas por um *querer subjetivo*; não quer ser aprendiz de um mundo em si, quer ser mestre do mundo nele, do seu violento querer subjetivo. O volicionista não aprende, ele dita, decreta, exige; pois, se o mundo em si não existe, o volicionista ditatorial tem de crear esse mundo inexistente para que ele exista.

Outros volicionistas, mais moderados, admitem a objetividade do mundo externo, mas consideram esse mundo objetivo como simples matéria-prima bruta, amorfa, que tem de ser manipulada e modelada por ele, o ditador, sobretudo quando essa matéria-prima é material humano, pouco modelado, informe como argila amorfa e plasmável.

Todo o estado social-político da humanidade é simples corolário de idéias metafísicas, filosóficas, de tempos anteriores. Sociologia e política são meros derivados e corolários de filosofias profundas, certas ou erradas, sobre o homem, sua natureza e sua posição no mundo circunjacente.

* * *

Voltando ao nosso tema, afirmamos que o Universo todo é um composto de *transcendentalismo* e *imanentismo*. Até agora comparamos o transcendente com o objetivo, e o imanente com o subjetivo.

Entretanto esses termos — objetivo e subjetivo — são equívocos e não se enquadram na terminologia de precisão que exigimos para a Filosofia Univérsica.

As palavras latinas *subjectum* e *objectum* são os particípios passados dos verbos *subjacere* e *objacere*, isto é, jazer por baixo e jazer do lado. O que subjaz a um edifício é o fundamento, o alicerce, que sustenta o todo; o que objaz, ou jaz do lado, são as paredes, sustentadas pelo alicerce. Logo, filológica e etimologicamente, o *subjectum* é mais importante do que o *objectum*, porque aquele sustenta este, e não este àquele.

Na linguagem comum, pouco exata, falamos do objetivo como o real, o verdadeiro, o importante; e tratamos o subjetivo como fictício, irreal, ou pelo menos secundário.

Para evitar esse equivoco, vamos substituir o objetivo da linguagem comum pela palavra *ontológico* (que é o verdadeiro Ser, a causa), e o termo usual subjetivo por *lógico* (que é o conhecer, o efeito). O Transcendente é, pois, o ontológico, a ordem do Ser, a causa, o Todo, o Infinito, o Absoluto. O Imanente, por outro lado, é o lógico, a ordem do conhecer, o efeito, a parte, o finito, o relativo.

Na arte, *a inspiração é do Transcendente — as técnicas são do Imanente*.

O que inspira o artista é algo *trans*, além dele. Esse fator *trans* parece, à primeira vista, um elemento alheio, heterônomo, uma entidade separada do próprio artista, algum ser invisível que, de inopino, se apodere do artista como uma ave de rapina se apodera subitamente da sua presa e a arrebata pelos ares. Aliás, os próprios termos "empolgar", "raptar", "arrebatar", "enlevar", e outros similares, parecem insinuar essa idéia. Na antiga mitologia, essa ave de rapina era chamada "gênio", palavra grega derivada de *genos*, que significava uma entidade invisível, habitante dos ares, que, em dado momento, empolgava o homem e lhe segredava aos ouvidos ou "inspirava" — isto é, soprava — para dentro da alma o que devia dizer ou fazer. O homem era então "inspirado". Na teologia cristã, o próprio Deus toma o lugar do "gênio" e diz ao profeta — isto é, locutor, porta-voz — o que deve dizer ou escrever.

Em todos os casos, preside a essa idéia de inspiração o conceito de heterogeneidade, de heteronomia, de dualidade entre o inspirado e o inspirante; o homem parede ser um simples instrumento, um autômato, uma tecla de piano, uma corda de violino, veículos de que um poder alheio se sirva para transmitir as suas ordens.

Hoje em dia, a psicologia do Ocidente, de mãos dadas com a filosofia do Oriente, clarificou admiravelmente o antigo conceito de dualidade. Hoje sabemos que o inspirado e o inspirante não são duas entidades *separadas*, como pensavam os antigos, mas são uma e a mesma *entidade*; sabemos que o inspirado e o inspirante são o homem integral, a sua individualidade cósmica, que é *una em seu ser*, porém *múltipla em seu agir*. O homem integral é, de fato, um *microcosmo*, um pequeno cosmos, um mundo uno no seu ser e um mundo múltiplo no seu conhecer e agir.

Quem é que inspira o artista? Quem é o inspirante?

Se o Infinito, o Transcendente, não estivesse imanente em todos os finitos, não sairíamos jamais da zona da dualidade heterônoma; consideraríamos o inspirado como uma peça secundária, puramente receptiva e reprodutiva, recebendo o impulso de alguma entidade alheia a ele, assim como a corda do violino recebe o impulso do violinista e o reproduz mecanicamente no ar.

É essa até hoje a concepção da "inspiração divina da Bíblia" de quase todos os teólogos eclesiásticos; Deus teria enviado uma mensagem à humanidade, um decreto da sua vontade, utilizando-se de algum profeta para servir de receptor e transmissor mecânico dessa mensagem. O veículo nada teria que ver com o conteúdo da mensagem divina, cuja verdade correria por conta única e exclusiva de Deus. O profeta seria um simples *dictafone*.

Essa concepção automática da inspiração era possível, e continua a ser possível, somente graças a um conhecimento deficiente da natureza humana integral. Se o homem é apenas o seu *ego periférico*, e não também o seu *Eu central*, a idéia da inspiração nunca deixará de ser um processo dualista, mecânico, automático; haverá separação entre o inspirado humano e o inspirante não-humano. O inspirante será um deus separado do homem, ou então um "gênio" alheio ao homem e que, em dado momento, se apodera dele como de um instrumento receptor e retransmissor.

Os nossos receptores de rádio não são a fonte da música que emitem; receberam essa música de uma fonte externa, a estação emissora, captaram essas vibrações eletrônicas do éter, retransformando as vibrações eletrônicas nas mesmas ondas aéreas que lhes deram origem no microfone da Emissora, e assim, em ondas aéreas, o nosso ouvido ouve a música. A música é da Emissora, e não do receptor, que é simples autômato. É esse, mais ou menos, o processo como os dualistas concebem a relação entre o inspirado e o inspirante.

Entretanto, nestes últimos tempos, a evolução do conhecimento humano passou por enormes transformações. O Universo — seja macrocósmico-sideral, seja microcósmico-humano — passou da concepção dualista de justaposição mecânica para a concepção monista de interpenetração orgânica. O mundo é cada vez mais "uno" e cada vez menos "diverso". Verdade é que a moderna concepção unitária-monista do *kósmos* e do *ánthropos* não nega a concepção diversitária-pluralista, mas considera a pluralidade dos efeitos como simples manifestação da unidade da causa. A antiga *justaposição mecânica* culminou nessa nova *hierarquia orgânica*. O aristotelismo horizontalista amadureceu em platonismo verticalista, ou, talvez melhor, numa visão cósmica de esfericidade integral.

O homem não é o seu ego periférico, nem é somente o seu novo Eu central. O homem integral é o ego-Eu, receptor emissor, finito-Infinito, periferia-centro, relativo-Absoluto, Lúcifer-Lógos, Satã-Cristo. Se a nossa técnica nos desse um aparelho que fosse ao mesmo tempo emissor, receptor e retransmissor, teríamos um símile mecânico da natureza do homem integral.

Devido ao velho conceito sobre o homem, os teólogos medievais (e os de hoje são praticamente medievais) atribuem a Satã a perdição do homem, e ao Cristo a sua redenção. Satã e Cristo, para eles, são entidades fora do homem — nem nós negamos que eles possam ter realidade histórica fora do homem; negamos apenas que, como fatores de perdição e redenção, sejam entidades separadas do homem; todo homem é Lúcifer e Lógos (título de um dos meus livros), Satã e Cristo. Todo homem é o seu Ego periférico e o seu Eu central. Sendo o Ego um aspecto do homem, e o Eu outro aspecto dele, tanto este como aquele fazem parte integrante dele; são o pólo negativo (pecado) e o pólo positivo (redenção).

O ego é a zona do *talento* e das técnicas por ele usadas — o Eu é a zona do *gênio* e da inspiração pela qual ele se manifesta.

Gênio é fonte, talento é canal.

Gênio é estação emissora, talento é aparelho receptor.

Gênio é essência, talento é existência.

Se tivéssemos apenas estação emissora, sem nenhum aparelho receptor, não ouviríamos música pelo rádio, nem veríamos imagens pela televisão, porque as ondas eletrônicas da emissora que percorrem o éter não afetam o nosso nervo auditivo, nem a nossa retina visual; para que possamos ouvir e ver as ondas eletrônicas, necessitamos de uma técnica intermediária entre a emissora e o nosso receptor; esse aparelho intermediário fabricado pela nossa técnica é o rádio e o televisor, que convertem (ou antes reconvertem) em vibrações auditivas e visuais as ondas eletrônicas da emissora.

Por outro lado, se tivéssemos apenas receptor de rádio e televisão, mas não tivéssemos nenhuma estação emissora, não captaríamos música nem imagens.

Com outras palavras: fonte sem canal não nos serve — canal sem fonte também não serve; só nos serve fonte com canal.

No mundo das invenções humanas, temos de fabricar tanto a fonte (estação emissora) quanto o canal (aparelho receptor).

No mundo das coisas cósmicas, a fonte emissora já existe desde o início e está em permanente funcionamento, em plena atualidade — tanto assim que "Deus é pura atividade" (*actus purus*, segundo Aristóteles; *essência*, segundo Hermes; *espírito*, segundo Jesus). E o canal receptor existe no mundo cósmico? Existe, sim, mas se acha em estado potencial, quando se trata de captações superiores. A natureza também é canal receptor; recebe sem cessar ondas de vida, irradiadas pela emissora da Vida Cósmica. Nenhuma planta, nenhum animal é fonte de vida, todos os seres vivos funcionam como canais, maiores ou menores, da vida Cósmica, de cuja plenitude recebem parcelas de vida (não a Vida como tal, que é Infinita); um veículo finito que recebe uma parcela da Vida Infinita é um ser vivo; tem vida, mas não é a Vida.

No reino da filosofia da arte, deve o receptor preencher duas condições para captar música e imagens: 1) deve ligar o seu aparelho receptor com a fonte emissora; 2) deve afinar a freqüência do receptor pela freqüência da emissora.

Com outras palavras, o artista deve, antes de tudo, saber que ele não pode ser *fonte*, uma vez que nenhum finito é fonte. Fonte é somente o Infinito. Essa ligação do canal com a fonte é a primeira condição para receber inspiração. A inspiração é o *influxo* do Infinito para dentro do finito; influir quer dizer literalmente "fluir para dentro", assim como parte das águas duma fonte flui para dentro de um canal ou encanamento. Esse influxo, ou essa influência, é diretamente proporcional à capacidade receptiva do canal receptor, uma vez que o recebido está no recipiente segundo a capacidade e o modo do recipiente. O alargamento do canal produz um aumento de receptividade e de recebimento. Essa idoneidade, maior ou menor, do canal para receber algo da fonte se chama "potência" ou "potencialidade". A potencialidade receptiva não é um *conteúdo* existente no receptor, mas é uma *idoneidade*, uma largueza, uma disposição propícia do recipiente, um vácuo convidativo para ser plenificado pela plenitude. A plenificação do vácuo pela plenitude é tanto maior quanto mais completa for a vacuidade existente e o desejo de plenificação. Parafraseando uma das beatitudes do Cristo, no Sermão da Montanha, poderíamos dizer: "Bem-aventurados os que têm fome e sede de plenitude, porque eles serão plenificados". Essa fome e essa sede significam a consciência da vacuidade e o desejo de plenitude. O homem que crea em si essa disposição afina o seu receptor pela onda emitida, e quem é receptivo receberá, e receberá na medida da sua receptividade.

O grande impedimento que obsta o influxo da plenitude para dentro é a idéia de que o influxo plenificador possa vir do próprio canal finito; essa idéia nasce da ignorância, uma vez que nenhum finito pode ser canal para o próprio finito ou para outros finitos; só o Infinito é fonte; todos os finitos são canais.

A inspiração é, pois, a idoneidade de receber o influxo do Infinito no finito; de receber algo do Absoluto para dentro do relativo; de canalizar algo do Todo para dentro da parte. Essa idoneidade é uma potencialidade, que admite alargamento e estreitamento, expansão e contração, majoração e minoração. Por via de regra, a *potencialidade* receptiva cresce na razão direta da sua *atualização dativa*, isto é, quanto mais o homem realiza *explicitamente*, a serviço da vida, a sua potencialidade *implícita*, tanto mais forte e ampla se torna essa potencialidade. "Quem tem receberá mais, mas quem não tem perderá até aquilo que tem" — isto é, aquele que atualiza as suas potencialidades receberá mais potencialidade, mas aquele que deixa de atualizar as suas potências latentes perderá, pouco a pouco, até essas potências. A matemática cósmica exige *evolução* de faculdades latentes; a não-evolução do evolvível, isto é, a estagnação, acaba em *involução*. Falta de progresso é regresso. Não-evolução é involução. Não-atualização é despotencialização.

Influxo exige *efluxo*. A plenitude que influi na vacuidade e a plenifica deve também evoluir, a fim de impedir estagnação ou *refluxo*.

Esse *efluxo*, ou *eflúvio*, do *influxo* da inspiração se faz por meio de certas *técnicas*, que estão a serviço da inspiração.

O gênio é pura *receptividade* — o talento é *datividade*.

Quem recebe do Infinito e não restitui ao Infinito, por meio dos Finitos, interrompe a corrente normal da circulação.

Quem recebe deve dar.

Quem recebe e não dá provoca esterilização.

Quem pretende dar sem ter recebido ilude a si mesmo e os outros.

Quem dá do que recebeu, atualizando as suas potências, produz fertilidade indefectível.

Quem "inspira" os dons da Fonte Infinita deve "expirar" esses dons nos canais finitos, devolvendo-os assim à Fonte do Infinito.

"Inalar" é do gênio receptor — "exalar" é do talento doador.

Inalar-exalar, receber-dar, inspiração-execução — é essa a vida cósmica do artista integral.

* * *

No plano superior da Religião Cósmica, a inspiração se chama "mística", e as técnicas se chamam "ética".

A inspiração é uma espécie de *concepção* — a técnica pode ser comparada com o *nascimento*. Entre este e aquela decorre o período da gestação ou incubação, gozoso e doloroso ao mesmo tempo.

Sendo que a técnica é sempre inferior à inspiração, nenhum artista genial pode estar plenamente satisfeito com a sua obra. O talento pode comprazer-se satisfeito em sua obra; o gênio é um eterno insatisfeito, porque o seu *poder* é incomparavelmente maior que o seu *fazer*, e a distância que medeia entre o *fazer atual* e o *poder potencial* é a bitola da sua insatisfação.

Pela mesma razão, não pode haver uma verdadeira ética profissional. A ética verdadeira, a que nasce da mística, é sempre como que um transbordamento parcial, quase fortuito, de umas gotinhas que saltaram duma plenitude, como uns respingos de água que o oceano lança às areias da praia. Quem pratica ética como ético profissional, e se esgota nessa atividade de "talento ético", esse é um pseudo-ético. Dessa pseudo-ética, sem fundo místico, nascem então essas horripilantes caricaturas, como a que vem estilizada na pessoa do fariseu no templo, que agradecia a Deus por não ser como o resto da humanidade — ladrões, injustos e adúlteros, ao passo que ele jejuava duas vezes por semana e dava o dízimo de todos os seus haveres.

De modo análogo, o artista que se espelha complacentemente na sua obra não é artista genial. O artista genial sente-se secretamente envergonhado do pouco que fez, porque, para além dessas gotinhas do pouco, sente o mar imenso do muito que não fez, que poderia fazer e desejaria fazer. O verdadeiro artista crê muito mais no muito das suas potencialidades do que no pouco das suas atualizações. Está antes disposto a pedir desculpas da sua obra do que a vangloriar-se dela.

As proles concebidas são muito mais belas e numerosas do que as proles nascidas.

Inspiração e técnica são como alma e corpo. Uma não existe sem o outro.

Alma não é homem.

Corpo não é homem.

Homem é alma e corpo — não alma e corpo justapostos, mas a alma vivificando o corpo, e o corpo permeado pela alma.

"Apoderai-vos das regras da técnica", dizia Auguste Rodin aos seus alunos de escultura, "depois esquecei-as todas e cedei à inspiração."

Esquecer não é abandonar, é guardá-las no subconsciente. Desse subsolo do "*lethes*" (rio do esquecimento), as técnicas continuam a atuar, rumo à inspiração superior. Mas essa atuação tem de ser subconsciente; qualquer atuação técnica consciente atrapalharia a inspiração. O pianista que ainda tem de olhar para as teclas brancas e pretas do piano, o violinista que tem de pensar nos movimentos do arco e na posição dos dedos sobre as cordas do violino — esses nada têm de genial. Na genialidade, a técnica é inconsciente, mas não inoperante. Os gregos chamam a verdade *alétheia*; o radical desta palavra é *lethes*, que, segundo a mitologia, era um rio subterrâneo em cuja travessia as almas dos defuntos perdiam a lembrança do passado; o rio do esquecimento. O "a" inicial da palavra *alétheia* é o "*alpha* privativo", que torna negativo o sentido do vocábulo subseqüente, como em latim o prefixo "*in*". De maneira que *alétheia* (verdade) seria "não-esquecido", "inolvidado".

A técnica do artista é algo como *alétheia*, não-esquecido; funciona inolvidado, subconsciente, esquecido na superfície consciente, lembrado nas profundezas subconscientes. Sobre o vasto substrato das técnicas floresce a inspiração. Onde há somente atos conscientes, sem atitude inconsciente, falta o volante à máquina.

Um homem conscientemente bom não é integralmente bom; o seu ser-bom tem de tornar-se atitude a ponto de praticar os atos como transbordamento irresistível e quase involuntário. Quem faz o bem por motivos éticos, e não como gotas casuais lançadas à praia pelo vasto e profundo mar da sua permanente atitude mística, esse não possui ética segura e sem perigo; cedo ou tarde, quererá ser recompensado pela sua ética — e isso é inético.

A tal ponto deve o artista identificar-se, pela inspiração, com o universo, que possa dizer:

Eu e o Universo somos um...

O Universo está em mim, e eu estou no Universo...

As obras que faço não sou eu que as faço, é o Universo que as faz em mim...

De mim mesmo nada posso fazer...

CAPÍTULO 10

Consciência cósmica — ética como arte

Há três estágios de consciência:
— consciência objetiva,
— consciência objetiva-subjetiva,
— consciência cósmica.

O *animal* e a criança só têm consciência dos objetos externos; a sua consciência é totalmente *transitiva*; só percebem o *percebido*, e nada sabem do *percipiente*; a sua consciência é *objetivamente unipolar*.

O *homem-ego* possui uma consciência *objetiva-subjetiva*, uma noção que vai transitivamente ao objeto percebido e daí volta reflexivamente ao sujeito percipiente. Assim, o homem-ego criou o seu mundo *dualista*, bipolarizado em sujeito e objeto. E, como os outros egos são para o homem-ego outros tantos objetos, objetos personais, o único sujeito é o ego percipiente; os outros, objetos impersonais (coisas) ou objetos personais (homens), são para ele simples objetos. Daí vem o egocentrismo do homem-ego: ele, o único sujeito percipiente, se vê oposto a muitos objetos percebidos. Esse mundo dualista sujeito-objeto gera conflito, hostilidade, luta, e daí vêm todos os males de que sofre o homem-ego.

Finalmente surge o *homem-Eu*, que não mais percebe os objetos e o sujeito como duas coisas separadas, mas como apenas dois aspectos de uma Realidade Única; percebe que o Eu não é apenas um ego-objetivo, um ego-persona (máscara), mas percebe que esse ego, nas suas últimas profundezas, é o próprio Eu Infinito, o Eu Total, a Realidade Universal, cujo aspecto unilateral e parcial aparece como ego, mas cuja Realidade onilateral, total, é o próprio Universo em toda a sua Infinitude e Plenitude; e com imensa surpresa e inefável alegria diz ele vagarosamente: Eu e o Infinito somos um... O Infinito está em mim, e eu estou no Infinito...

O homem-Eu atingiu a verdade da *consciência cósmica*, da *consciência univérsica*, que não é simplesmente objetiva, como a do animal, nem meramente objetiva-subjetiva, em mecânica justaposição, como a do homem-ego; não é *transitiva*, como a do animal, nem é *reflexiva*, como a do homem-ego — a consciência do homem-Eu é *esférica*, universal, porque é uma interpenetração orgânica de toda a Realidade do Cosmos.

E com essa experiência advém ao homem-Eu um senso indizível de *libertação*. Compreendeu, finalmente, a verdade, e a verdade o libertou...

Nesse estado de consciência cósmica percebe o homem todos os objetos, tanto impersonais como personais, não mais como algo separado dele ou até hostil, mas percebe todos os objetos, naturais ou humanos, como outras tantas partes integrantes e manifestativas da Única Realidade Universal, como canais da mesma Fonte Única, como irradiações do mesmo Foco luminoso, como vidas finitas geradas pela mesma e Única Vida Infinita. E, como todos os seres se lhe revelam agora como filhos do mesmo Pai único, o homem-Eu da consciência cósmica percebe naturalmente todas as creaturas, conscientes ou inconscientes, como seus irmãos, maiores ou menores, iguais ou inferiores — o homem de consciência Eu enxerga, em sua visão verdadeira, a grande Família Cósmica, *a paternidade única do Infinito manifestada na fraternidade universal de todos os Finitos*.

E essa visão da verdade cósmica nada tem de artificial, de emocional, de fictício, de arbitrário, de irreal ou fantasioso — ele sabe e sente que é a mais pura e autêntica realidade, que é a quintessência do cosmos, UNO em seu Infinito, e DIVERSO em seus finitos. Percebe, com inabalável certeza e clareza, que todos os Finitos vieram do Infinito e, apesar de finitizados, estão sempre no Infinito; percebe também que o Infintio, embora transcenda os Finitos, permeia contudo e penetra constantemente todos os Finitos, assim como a luz solar penetra num límpido cristal, essa luz solar, transcendente ao cristal como globo solar, e também imanente no cristal como luz solar.

Essa visão da verdade cósmica torna o homem-Eu imensamente feliz e tranqüilo, põe termo final a todos os dualismos, a todas as hostilidades, a toda a vontade de destruir algo, de matar algo ou alguém, de odiar algum dos seus irmãos, humanos ou infra-humanos.

A visão mística do homem-Eu estabelece a verdadeira vivência e convivência ética, na humanidade e na natureza. Essa ética não é uma moral ou moralidade inventada *ad hoc*, para fins de convivência social; não, essa ética é um corolário, uma conseqüência inevitável da experiência da verdade — da paternidade única do Infinito, que gera a fraternidade universal de todos os Finitos.

Todos os objetos do ego, e o próprio ego, continuam a existir na vida do homem-Eu, mas acham-se como que integrados na consciência cósmica do Eu, assim como a lua e as estrelas, durante o dia, estão ainda no céu, mas ofuscadas pelo esplendor do sol.

De dentro dessa consciência cósmica, da consciência da sua essencial identidade com o Todo, pode o homem amar, espontânea e jubilosamente, todos os Finitos, tanto os Finitos humanos como os Finitos infra-humanos, todos os seres ao redor de si e todos os seres abaixo de si, no vasto âmbito da humanidade, dos animais, dos vegetais e dos minerais.

E esse amor compreensivo, universal, nada tem que ver com dificuldade, sacrifício, virtuosismo — é inteiramente fácil e natural.

Quando o homem atinge essa consciência esférica, universal, cósmica, está ele na zona da Verdade Integral. Dessa visão *mística* nasce espontaneamente a vivência *ética*, no plano horizontal da humanidade, e nasce também o sentimento *estético*, pelo qual o homem sente a sua afinidade e simpatia natural com todos os seres da natureza.

A experiência *mística* gera a benevolência *ética*, o sentimento *estético* — e essa consciência em todas as dimensões (para cima, para os lados e para baixo) é a *consciência cósmica*. A consciência cósmica é a alta vertical para cima, a vasta horizontal para todos os lados e a profunda vertical para baixo. É o superconsciente, o consciente e o subconsciente.

Essa experiência vital da unidade cósmica não é uma bela fantasia poética, nem algum dulçoroso devaneio emocional, mas é a expressão da mais sólida Realidade, a Realidade Cósmica em toda a sua autenticidade e plenitude.

Dizíamos que não é simples *poesia*, isto é, poesia no sentido popular do termo, como sinônimo de fantasia ou ilusão. A palavra "poesia", porém, não tem esse sentido, quando tomada em sua verdade e pureza etimológica e filológica. A palavra grega *poesis*, de que fizemos poesia, é derivada do verbo *poieo*, que quer dizer "fazer", "realizar", correspondendo ao verbo latino *agere*, agir, donde derivamos o substantivo "arte". "Poesia" em grego e "arte" em latim têm o mesmo sentido de "agir", "realizar". Arte é ação, baseada em visão (*theoria*). Poesia é ação baseada em visão. É a ação ou execução concreta, individual, nascida de uma visão abstrata, universal. A visão, ou teoria, é a concepção — a ação, ou prática, é a eclosão, o nascimento daquilo que a visão concebeu. Quando a visão filosófica, ou teoria abstrata, se concretiza em ação concreta, então temos a *ars* ou a *poesis*, a arte ou a poesia, isto é, a individualização do Universal, o palpável que nasceu do impalpável, a beleza que nasceu da verdade. A verdade, que, segundo Mahatma Gandhi, é dura como diamante, apareceu como sendo delicada como flor de pessegueiro, quando floresce em forma de beleza. A beleza é, pois, a flor da verdade. A poesia é a flor da filosofia.

Sinônimo de *poesis* é estética — ou *aisthesis*, em grego —, que quer dizer sentimento, isto é, *a verdade abstrata e universal sentida como beleza concreta e individual.*

É precisamente isto que acontece ao homem que entra na zona da consciência cósmica: ele visualiza o Universal, o Todo, o Absoluto, o Eterno, o Infinito, e percebe que dentro desse Todo Universal estão contidas todas as partes individuais. Ele visualiza o Pai Único do cosmos e vê ao mesmo tempo os numerosos filhos, maiores e menores, conscientes, subconscientes ou inconscientes, desse Pai Oniconsciente; ele verifica que todos esses filhos do Pai Infinito são seus irmãos no plano dos Finitos — seus irmãos iguais no plano da humanidade, e seus irmãos inferiores no plano da natureza. Se isso é "poesia", então é a poesia da verdade, a beleza concreta que nasceu da verdade abstrata.

Então, o homem, assim cosmificado na sua consciência, fala, como Francisco de Assis, com seus irmãos e suas irmãs, pedras, plantas, animais, peixes, aves, até com seu irmão lobo e com a irmã morte. Essa experiência da fraternidade universal das creaturas, nascida da paternidade única do Creador, nada tem que ver com alguma ilusão fantástica, mas é o reflexo da mais sólida Realidade Cósmica, como já dissemos, a Realidade em toda a sua autenticidade e plenitude. Quem não atingiu essas alturas é que vive na ilusão e em fantasias irrealistas. O homem de consciência cósmica é o maior realista do mundo — mas os irrealistas, ou semi-realistas, tomam por um "idealista" ou "visionário" esse homem pleni-realista.

Essa ética do homem cósmico é um transbordamento inevitável

e irresistível da experiência mística, ética, que de forma alguma deve ser confundida com a moral comum, que não supõe nenhuma experiência do Infinito, mas é um simples arranjo mental-social dentro do plano dos Finitos. O maior dos ateus pode ser um homem moral, mas nenhum ateu pode ser um homem ético — suposto que tomemos a palavra "ateu" no sentido filosófico, e não no sentido teológico. Os teólogos, geralmente, entendem por ateu e ateísmo a rejeição de um Deus *pessoal*. Mas nenhum homem realmente místico, de experiência cósmica, aceita um Deus-pessoa, um Deus-indivíduo, que seria a negação radical da sua mística, seria a apostasia da verdade que ele descobriu e que o libertou de toda a inverdade e também de todas as semiverdades.

Esse homem, no zênite da verdade, se sente soberanamente liberto de todas as escravidões. Mas, para ele, libertação não é deserção, não é fuga, não é abandono — *é uma livre convivência com todas as creaturas de Deus, em perfeita harmonia com o Deus das creaturas*. Fuga, deserção, pode, sem dúvida, ser indício de boa vontade, um prelúdio para a libertação, mas não é ainda a libertação. Quem foge, foge porque ainda não é livre, mas deseja ser livre. Esse medo de ser derrotado também é escravidão, como todo medo é escravidão. O homem só é real e definitivamente livre quando não tem mais a necessidade de fugir do ambiente da escravidão circunjacente; quando pode ser plenamente livre no meio de escravos, puro no meio dos impuros, sapiente no meio dos insipientes. Libertou-se de todas as alergias e tornou-se totalmente imune, invulnerável, inderrotável.

Quando o homem atinge as alturas da consciência cósmica — mística-ética-estética — quase sempre experimenta essa apoteose em forma de *luz* e de *música*, essas duas coisas quase imateriais no mundo das materialidades. Vê luz e ouve música. Vê com a alma, ouve com a alma.

Rabindranath Tagore, o grande filósofo-poeta-místico da Índia, descreve do seguinte modo uma das suas experiências cósmicas:

"Estava eu a contemplar um nascer do sol — quando subitamente tive a sensação de que um véu era retirado dos meus olhos e tudo em derredor de mim se tornou luminoso. As casas ao longo da rua, as crianças que brincavam, todos os homens e todas as coisas irradiavam estranhos fulgores. E de todas as partes fluía uma música maravilhosa. E eu mesmo estava repleto de uma alegria e de um amor para com todos e para com tudo. Era como se todas as barreiras terrestres tivessem caído. Esse estado durou sete ou oito dias.

Pouco depois fui viajar para as alturas do Himalaia, na expectativa de que lá a minha experiência fosse ainda mais intensificada. Mas, quando lá cheguei, a maravilhosa visão se havia dissipado. Até esse dia julgava eu que coisas externas pudessem favorecer experiências espirituais; mas agora compreendi que Deus, o grande Doador, nos pode revelar o Universo inteiro até na estreiteza de um simples beco do bairro de uma cidade".

Contam que Tomás de Aquino, depois de ter escrito livros de grande erudição teológica e filosófica, teve uma visão mística — e depois disso nunca mais escreveu uma palavra até a morte. A um amigo íntimo disse ele, confidencialmente: "Tudo que escrevi não é senão palha".

De fato, tudo que o homem consegue saber, por simples especulação mental, é palha, em face daquilo que ele pode saber num único momento de experiência mística. Inteligir mentalmente é fogo pintado — saber espiritualmente é fogo real. Com todos os fogos pintados num museu de arte não se pode iluminar nem aquecer coisa alguma — com uma pequena chama de fogo real se pode iniciar a iluminação e o aquecimento do mundo inteiro.

* * *

Muitos estranham que eu inclua a experiência mística e seu transbordamento ético no rol das artes. Entretanto, de acordo com a definição da arte que dei no início, não posso deixar de proceder assim. Não posso deixar de considerar a ética, baseada na mística, como arte, e até como a mais sublime das artes. Ele não se serve de nenhum material objetivo, como sejam pedra, madeira, mármore, tinta, tela, sons ou palavras, para se concretizar; a ética tem como material manifestativo o próprio homem. Se arte consiste na faculdade de visualizar em qualquer coisa individual um conteúdo universal, como também na capacidade de concretizar esse conteúdo universal abstrato em alguma forma concreta individual — então é evidente que o verdadeiro ético é um grande artista, porque ele, em virtude da sua consciência mística, enxerga a Realidade Universal — o UNO INFINITO — em todas as suas manifestações individuais — nos DIVERSOS FINITOS — e possui, além disso, a capacidade de concretizar na sua vida humana algo da sua visão divina. A sua visão *mística* se concretiza espontaneamente em vivência *ética*, realizando o homem *cósmico*.

Insisto na palavra "espontaneamente", isto é, com toda a facilidade e naturalidade, sem nenhum esforço, sem nenhum artificialismo, sem nenhum sacrificialismo.

O mesmo, porém, não se pode dizer do homem simplesmente *moral*. Pode o homem moral ser *bom*, mas não é *belo* — o belo, porém, faz parte integrante do conceito da arte. O belo é o bom espontâneo, o bom sem sacrifício, o bom sem dificuldade. O homem moralmente bom pode ser um homem *virtuoso*, mas não é um *sábio* — a sabedoria, porém, é a bondade sem sacrifício. Ser sábio é ser espontaneamente bom, radiantemente bom, jubilosamente bom — e isso é ser belo. E só neste sentido é que o homem belo é um artista. O homem bom pode ser moral e moralista — mas somente o homem belo é o homem ético, e só ele satisfaz as exigências da arte. Sendo, porém, que nenhum homem pode ser realmente ético sem passar pela experiência mística, segue-se que somente o homem ético em virtude da mística é que faz jus ao título de artista.

Repito que a moral é um arranjo puramente humano, horizontal, que o mais inexperiente dos ateus e materialistas pode ter. A finalidade da moral é meramente utilitária, visa à possibilidade de uma convivência social relativamente pacífica entre os homens de boa vontade. A moral exige boa vontade, não exige compreensão. Pela moral conseguem os egos humanos e profanos uma paz relativa, ou melhor, um armistício, que é uma paz precária entre duas guerras. Nenhuma moral pode garantir uma paz duradoura e sólida, porque é trabalho de superfície e de sintomas, não é experiência de profundidade e que atinja a raiz da natureza humana. Para haver um armistício baseado na moral não se requer nenhum iniciado de consciência e compreensão cósmica, basta um grupo de profanos de boa vontade.

A moral nasce do ego e, como tal, não é filha de Deus. A ética, porém, nasce do Eu, desse Deus no homem, desse Cristo interno.

Falta à moral humana não somente a origem divina da sua fonte, falta-lhe também o supremo encanto de uma *leveza* e *facilidade*; falta-lhe o carisma de uma inefável espontaneidade e luminosidade, indispensáveis à verdadeira arte.

Quem é apenas sacrificialmente bom, como o homem moral e virtuoso, não é ainda artista. Age, sim, mas não age com facilidade, com beleza, com encanto.

Quem, uma única vez, entrou em contato direto com a Fonte Infinita não precisa mais preocupar-se com o problema da água em seus canais finitos; as águas colhidas na experiência mística fluirão, normal e incessantemente, através dos veículos da sua vivência ética. Tamanha é a fluência das águas da mística através dos canais da ética que seria humanamente impossível sustar esse fluxo das águas vivas, porque elas, pouco a pouco, formam uma fonte secundária dentro do próprio homem, sem jamais o desligarem da Fonte Primária.

Por isso, nenhum homem de experiência mística pode ser um ético profissional. A sua ética não é algo que ele faça ou queira, a sua ética é algo que lhe *acontece*, quase à revelia do seu autor; já não é um *querer* ou um *fazer*, é antes um *modo-de-ser* do homem de consciência cósmica. Acontece-lhe ser espontaneamente bom, belo, benevolente e beneficente. O seu ser-espontaneamente-bom se revela em fazer-bem. Quem é jubilosamente bom, isto é, belo, não pode deixar que querer-bem e fazer-bem. E isso é uma atitude gloriosamente artística.

A *mística* transborda então em *ética* e *estética*.

* * *

A experiência do *sacrifício*, da dificuldade, do "caminho estreito e da porta apertada" é inseparável da vivência moral; mas, como nenhuma coisa difícil, sacrificial, tem garantia de perpetuidade, é inevitável que a moral seja precária, vacilante, incerta, sem garantia de continuação. Somente o que é fácil, espontâneo, delicioso é que tem garantia de continuação e perpetuidade. A *ética*, nascida da consciência mística, é inteiramente fácil, espontânea, jubilosa, ou, no dizer do grande filósofo-artista de Nazaré, "*jugo suave e peso leve*". E é só nesse sentido que consideramos a ética como uma forma de arte, porque participa da noção do *belo*, que é o bom ou verdadeiro sem sacrifício.

Usamos a palavra *sacrifício* no sentido popular, tradicional, de *sofrimento*, embora a palavra sacrifício, etimológica e filologicamente considerada, não envolva a noção de sofrimento. Sacrifício vem de *sacrum facere*, fazer *coisa sacra*. Mas o sacro, de per si, nada tem que ver com sofrimento; o sofrimento vem da ignorância da verdade total. A sapiência da verdade total ignora sofrimento, dificuldade. A verdade total, plenamente compreendida, é a coisa mais sacra, o supremo *sacrificium*, isto é, *feito sacro*, que se possa imaginar, mas nada tem que ver com sofrimento. A *consciência cósmica* conhece o *sacrifício cósmico*, isto é, a mais alta e mais sagrada *liturgia do Universo*, a sacra liturgia do sacrifício cósmico, do feito cósmico, que é AMOR.

E neste último sentido pode o verdadeiro artista praticar a arte suprema da ética, como *liturgia cósmica*, como feito *sacro*, realizando o *verdadeiro* e o *bom* com todo o esplendor do *belo*.

De maneira que a ética, como transbordamento da mística, ou consciência cósmica, é a mais perfeita concretização do Universal, a dureza do diamante da *verdade* e da *bondade* manifestada na delicadeza da flor de pessegueiro da *beleza*.

Quando o homem transcende todos os *artificialismos* do ego, tanto imoral como moral, então atinge ele as alturas da genuína *arte* do Eu, concretizando *a experiência universal da mística* na *vivência individual da ética*, produzindo em si mesmo, sem nenhum material de fora, a mais sublime obra de arte ou poesia cósmica.

CAPÍTULO 11

Conspecto e perspectiva

Temos falado da alma e do corpo da arte — alma invisível que se manifesta em corpo visível.

Dissemos que o artista, para ser o que deve ser, tem de possuir duas faculdades essenciais, a saber:

1) deve ser capaz de visualizar o *conteúdo real e permanente* em todos os *contenedores realizados e transitórios*, ou seja, perceber o Infinito em todos os Finitos;

2) deve, além disso, ser capaz de dar *forma concreta* ao *sem-forma abstrato*, isto é, deve poder individualizar parcialmente a Realidade Universal, finitizar o Infinito, relativizar o Absoluto, existencializar a Essência, expressando no plano lógico do conhecer algo da ordem ontológica do Ser.

Se o artista possuir esses dois atributos essenciais, então é ele um *gênio creador*, e não apenas um *talento produtor*. A produtividade do talento faz parte da creatividade do gênio, mas é apenas a execução externa da visão interna.

A creatividade é, por assim dizer, *vertical*, ao passo que a produtividade é apenas *horizontal*.

O gênio creador, depois de *ser agido* pelo Infinito, como diria Bergson, passa a *agir* nos Finitos — ao passo que o talento produtor é apenas um *agente não agido*.

O artista integral, gênio-talento, deve ser, portanto, *concipiente* e *parturiente*, deve conceber da Fonte do Infinito e deve dar à luz por meio de canais finitos.

Crear (não *criar*!) quer dizer manifestar em forma *finita concreta* uma parcela da Realidade *infinita-abstrata*. A creação procede do *nada da existência* (que é o *Todo da Essência*) rumo ao *algo da existência*. Quem não tem contato com o Todo da Essência, mediante a visão genial (*theoria*), pode, quando muito, *produzir* (*praxis*) algo de finito a finito, mas não pode *crear* algo, do Infinito para o finito.

O talento é *produtivo*.

O gênio é *creativo*.

Se há uma fraqueza na arte moderna, está ela no *excesso de produtividade* e na *carência de creatividade*.

No plano da *ciência*, manifestação da inteligência, nada se crea, nada se des-crea (ou aniquila), tudo apenas se transforma (ou cria). Isso é produtividade da inteligência talentosa, mas não creatividade da intuição genial. Há, naturalmente, cientistas que ultrapassam as fronteiras da inteligência analítica, e invadem os domínios da razão intuitiva, assemelhando-se a artistas creadores.

O artista não se deve contentar com ser um cientista transformador de finitos; o artista deve ser um creador, haurindo da Fonte Infinita e fazendo fluir através de canais finitos. Essa energia creadora é o apanágio máximo do artista genuíno e integral.

Todo homem é, potencialmente, creador, porque o seu centro individual coincide com o centro do Universo, que é a fonte de todas as energias creadoras. O *ánthropos* e o *kósmos* são concêntricos.

Esse centro creador do homem chama-se *livre-arbítrio* ou liberdade. A liberdade, disse alguém, é o poder de ser causa própria. A natureza infra-humana age apenas como causa alheia, como algo *causado*; só o homem, aqui na terra, age como um *causante*. O Universo creou o homem o menos possível, para que o homem se possa crear o mais possível — isso é liberdade, autodeterminação, energia creadora. Essa causalidade dinâmica da substância própria isenta o homem do impacto escravizante da causalidade mecânica das circunstâncias alheias. O livre-arbítrio é o Infinito, o Absoluto, o Universal, Brahman, a Divindade no homem; é a sua Onipotência, em parte dormente, que, uma vez plenamente acordada, dará à substância interna do homem domínio e soberania sobre todas as circunstâncias externas, transformando a sua alergia escravizante em imunidade libertadora.

Sendo que essa onipotência do livre-arbítrio, essa auto-determinação central, é o segredo da energia creadora do homem, segue-se que todo homem, como dizíamos, é implicitamente um artista creador. Pode ele não desenvolver essa energia, pode não exercer uma determinada arte na zona externa — pintura, escultura, música, poesia, etc. — mas por dentro é ele um artista creador em potência.

* * *

Surge agora o magno problema sobre o desenvolvimento da energia creadora no artista, ou no homem em geral. Se a creatividade faz parte integrante de todo homem normal, por que há tão poucos homens creadores, contentando-se com meras produtividades e transformações?

A energia creadora habita no Invisível, no Silêncio — e esta zona é dificilmente atingível. Por Silêncio não entendemos a Vacuidade, a Ausência, mas sim a Plenitude, a mais poderosa Presença. O verdadeiro Silêncio é uma Presença Onipotente. O Silêncio-Plenitude é o próprio Infinito, o Ser, a Fonte Cósmica, o Absoluto, o Eterno, o Todo, a Alma do Cosmos, cujo corpo se manifesta em ruídos.

E é precisamente aqui que se bifurcam os caminhos da humanidade. É dificílimo fazer compreender a um profano inexperiente que Silêncio não quer dizer ausência e vacuidade, mas presença e plenitude. Para o profano inexperiente, ruído é presença e plenitude, ao passo que Silêncio lhe parece ausência e vacuidade. E, como a natureza tem horror ao vácuo, o inexperiente recua diante do Silêncio como de um perigo mortífero, e se, porventura, for obrigado a ficar no Silêncio durante uma hora, um dia, ou mais tempo, entra ele em uma espécie de agonia; esse pobre náufrago dos ruídos tem a impressão de que vai afogar-se no Oceano Pacífico do Silêncio.

O ego periférico vive do ruído — e morre no Silêncio.

O Eu central vive do Silêncio — e vivifica o próprio ruído.

Quem não é dotado de um certo "faro cósmico" não compreende esta linguagem...

Quando falamos em silêncio e ruído, muitos entendem silêncio e ruído em sentido físico, material. Há, todavia, *ruídos mentais*, e há um *silêncio mental*.

Pouco adianta estabelecer silêncio material, se continuar o ruído mental. Quando o homem tenta estabelecer silêncio mental, esvaziando-se de qualquer pensamento analítico consciente, sem contudo cair no transe, na auto-hipnose, ou outro tipo de subconsciente, mas tentando conservar-se plenamente consciente e vigil — então verificará ele que vai entrar numa espécie de agonia, por falta de pensamentos conscientes, que são o "pão nosso de cada dia", para o homem comum.

O profano material vive de ruídos verbais.

O profano mental vive de ruídos intelectuais, que consistem nessa rotineira sucessividade analítica que se chama pensamentos.

Se o homem superar essa agonia do silêncio material, e também a agonia do silêncio mental, verificará, com imensa surpresa, que recebe alimento de uma Fonte que não são os sentidos do corpo nem os pensamentos da mente — mas o próprio cosmos, que no homem se chama alma, ou Eu, o grande *Uno Central*, que está oculto em todos os *Diversos periféricos*. E, como esse homem descobriu a concentricidade do *ánthropos* e do *kósmos*, sente que ele e o Universo são um, coincidem no Uno Central, e que esse Uno Único permeia todos os Diversos Múltiplos, assim como a alma permeia todas as células do corpo.

Basta que o homem se esvazie dos ruídos materiais e dos ruídos mentais, e se habitue a auscultar a "Voz do Silêncio" — e fará a mais gloriosa descoberta da sua vida; verificará que o Silêncio é a própria Realidade, que todos os ruídos, materiais e mentais, são apenas aparências, ecos, reflexos, miragens transitórias de uma Realidade permanente, que é o Silêncio Onipotente, a Divindade Creadora.

A partir desse momento épico, sente-se o homem "em casa" no Silêncio, como se sentiria exilado do ruído; considera os ruídos como males necessários, e o Silêncio como o Bem verdadeiro. E compreende, finalmente, por que Deus é Silêncio.

E então se torna o homem realmente creador, porque atingiu a Fonte das energias cósmicas, a nascente da Vida, da Verdade e da Beleza.

Os grandes iluminados e iniciados de todos os tempos e países, os profetas, os sábios, os videntes, os místicos, os homens crísticos, foram formados na Universidade do Silêncio Dinâmico — Hermes, Buda, Moisés, Elias, João Batista, Paulo de Tarso, Francisco de Assis, Mahatma Gandhi, Ramana Maharishi, sem excetuar o próprio Cristo —, todos eles habitavam no paraíso do silêncio sagrado, e de dentro desse centro agiam rumo aos ruídos profanos. O *sansara* do ego periférico os circundava, mas o *nirvana* do Eu central os alimentava com o maná da Verdade, que um deles expressa nas palavras "Eu e o Pai somos um, o Pai está em mim, e eu estou no Pai"...

Quando o homem está assim consubstanciado com o Silêncio creador, pode permitir que o rodeiem todos os ruídos profanos, sem ser profanado nem profanizado, porque transcendeu a alergia da água e atingiu a imunidade da luz, consoante as palavras do Cristo: "Vós sois a luz do mundo".

Quando toda essa ruidosa *sucessividade analítica* do pensamento do ego culminar na *simultaneidade intuitiva* da consciência do Eu, onde todos os movimentos das periferias se cristalizam na única força central — então estará o homem em condições de ser um verdadeiro artista genial.

"Do mundo dos fatos", escreve Einstein, "não conduz nenhum caminho para o mundo dos valores; estes vêm de outras regiões."

Ruído é fato, quantidade — silêncio é valor, qualidade.

* * *

Por fim, vamos terminar com uma ligeira indigitação, que não será compreendida por muitos. O período mínimo, para despertar o silêncio creador, é de um *ciclo lunar completo*, período que vai de uma lua nova para outra lua nova. Para maior segurança, convém iniciar esse silêncio uma semana antes e terminar uma semana depois do novilúnio, abrangendo assim um total de cerca de quarenta dias. Disso sabiam Moisés, Elias, Jesus, e outros, que permaneceram em silêncio total durante quarenta dias. Durante esse período, de novilúnio a novilúnio, passando pelo plenilúnio, realiza-se, na alma e no corpo, a experiência cósmica. As fases lunares não atuam apenas sobre marés e vazantes do mar, sobre o crescimento, floração e frutificação das plantas, sobre a ovulação do organismo feminino; as fases lunares atuam também sobre os fluxos e refluxos das seivas vitais da alma, da mente e do corpo humano, propiciando-lhes um ciclo completo de experiências cósmicas, porquanto o *ánthropos* e o *kósmos* são concêntricos, regidos pela mesma lei única.

Mas... é tempo para pormos ponto final a essas considerações, perfeitamente absurdas para os profanos inexperientes — e perfeitamente supérfluas para os iniciados e sapientes...

Uma nova era de arte será inaugurada somente pelo artista que se tenha formado na Universidade do Silêncio Dinâmico, que tenha entrado em contato com a Fonte da Suprema Realidade, para além de tudo que se possa dizer e pensar, porque só das profundezas do *indizível* e do *impensável* é que o nosso dizer e o nosso pensar podem haurir plenitude para a sua vacuidade. Só aí pode a nossa esterilidade verbal e mental ser fecundada...

Quem fala e pensa, sem ter aprendido a arte de calar dinamicamente, de calar profunda, diuturna e intensamente, esse pode falar muito sem dizer nada, pode pensar muito sem crear nada, porque a creatividade não tem a sua origem no *pensar*, mas sim no *calar*, no silêncio intuitivo da auscultação.

Por isso, depois de termos falado e pensado tanto sobre a Filosofia da Arte, falta ainda o principal, que ninguém pode dar a ninguém — a arte suprema de *calar dinamicamente*, de *silenciar creativamente*, de ligar o seu canal consciente com a Fonte Oniconsciente.

Vamos abismar-nos no silêncio cósmico — a fim de compreender os ruídos telúricos!

Quando surgirá a Escola da Arte Creadora inspirada no Silêncio Cósmico?

Quando sairemos do curso primário do falar?

Quando ultrapassaremos o curso secundário do pensar?

Quando entraremos no curso universitário do intuir?

A Universidade do Silêncio Auscultativo convida a nova geração de artistas a haurir da Fonte Cósmica da *Verdade* e inundar o mundo de *Beleza*...

DADOS BIOGRÁFICOS

Huberto Rohden

Nasceu na antiga região de Tubarão, hoje São Ludgero, Santa Catarina, Brasil em 1893. Fez estudos no Rio Grande do Sul. Formou-se em Ciências, Filosofia e Teologia em universidades da Europa — Innsbruck (Áustria), Valkenburg (Holanda) e Nápoles (Itália).

De regresso ao Brasil, trabalhou como professor, conferencista e escritor. Publicou mais de 65 obras sobre ciência, filosofia e religião, entre as quais várias foram traduzidas para outras línguas, inclusive para o esperanto; algumas existem em braile, para institutos de cegos.

Rohden não era filiado a nenhuma igreja, seita ou partido político. Fundou e dirigiu o movimento filosófico e espiritual mundial Alvorada.

De 1945 a 1946 teve uma bolsa de estudos para pesquisas científicas, na Universidade de Princeton, New Jersey (Estados Unidos), onde conviveu com Albert Einstein e lançou os alicerces para o movimento de âmbito mundial da Filosofia Univérsica, tomando por base do pensamento e da vida humana a constituição do próprio Universo, evidenciando a afinidade entre Matemática, Metafísica e Mística.

Em 1946, Huberto Rohden foi convidado pela American University, de Washington, D.C., para reger as cátedras de Filosofia Universal e de Religiões Comparadas, cargo este que exerceu durante cinco anos.

Durante a última Guerra Mundial foi convidado pelo Bureau of Inter-American Affairs, de Washington, para fazer parte do corpo de tradutores das notícias de guerra, do inglês para o português. Ainda na American University, de Washington, fundou o Brazilian Center, centro cultural brasileiro, com o fim de manter intercâmbio cultural entre o Brasil e os Estados Unidos.

Na capital dos Estados Unidos, Rohden freqüentou, durante três anos, o Golden Lotus Temple, onde foi iniciado em Kriya Yoga por Swami Premananda, diretor hindu desse *ashram*.

Ao fim de sua permanência nos Estados Unidos, Huberto Rohden foi convidado para fazer parte do corpo docente da nova International Christian University (ICU) de Metaka, Japão, a fim de reger as cátedras de Filosofia Universal e Religiões Comparadas; mas, por causa da guerra na Coréia, a universidade japonesa não foi inaugurada, e Rohden regressou ao Brasil. Em São Paulo foi nomeado professor de Filosofia na Universidade Mackenzie, cargo do qual não tomou posse.

Em 1952, fundou em São Paulo a Instituição Cultural e Beneficente Alvorada, onde mantinha cursos permanentes em São Paulo, Rio de Janeiro e Goiânia, sobre Filosofia Univérsica e Filosofia do Evangelho, e dirigia Casas de Retiro Espiritual (*ashrams*) em diversos estados do Brasil.

Em 1969, Huberto Rohden empreendeu viagens de estudo e experiência espiritual pela Palestina, Egito, Índia e Nepal, realizando diversas conferências com grupos de iogues na Índia.

Em 1976, Rohden foi chamado a Portugal para fazer conferências sobre autoconhecimento e auto-realização. Em Lisboa fundou um setor do Centro de Auto-Realização Alvorada.

Nos últimos anos, Rohden residia na capital de São Paulo, onde permanecia alguns dias da semana escrevendo e reescrevendo seus livros, nos textos definitivos. Costumava passar três dias da semana no *ashram*, em contato com a natureza, plantando árvores, flores ou trabalhando no seu apiário-modelo.

Quando estava na capital, Rohden freqüentava periodicamente a editora responsável pela publicação de seus livros, dando-lhe orientação cultural e inspiração.

À zero hora do dia 7 de outubro de 1981, após longa internação em uma clínica naturista de São Paulo, aos 87 anos, o professor Huberto Rohden partiu deste mundo e do convívio de seus amigos e discípulos. Suas últimas palavras em estado consciente foram: "Eu vim para servir à Humanidade".

Rohden deixa, para as gerações futuras, um legado cultural e um exemplo de fé e trabalho somente comparados aos dos grandes homens do século XX.

Huberto Rohden é o principal editando da Editora Martin Claret.

Relação de obras do Prof. Huberto Rohden

Coleção Filosofia Universal:

O pensamento filosófico da Antiguidade
A filosofia contemporânea
O espírito da filosofia oriental

Coleção Filosofia do Evangelho:

Filosofia cósmica do Evangelho
O Sermão da Montanha
Assim dizia o Mestre
O triunfo da vida sobre a morte
O nosso Mestre

Coleção Filosofia da Vida:

De alma para alma
Ídolos ou ideal?
Escalando o Himalaia
O caminho da felicidade
Deus
Em espírito e verdade
Em comunhão com Deus
Cosmorama
Porque sofremos

Lúcifer e Logos
A grande libertação
Bhagavad Gita (tradução)
Setas para o Infinito
Entre dois mundos
Minhas vivências na Palestina, Egito e Índia
Filosofia da arte
A arte de curar pelo espírito. Autor: Joel Goldsmith (tradução)
Orientando para sua auto-realização
"Que vos parece do Cristo?"
Educação do homem integral
Dias de grande paz (tradução)
O drama milenar do Cristo e do anti-Cristo
Luzes e sombras da alvorada
Roteiro cósmico
A metafísica do cristianismo
A voz do silêncio
Tao Te Ching de Lao-tse (tradução) — ilustrado
Sabedoria das parábolas
O 5º Evangelho segundo Tomé (tradução)
A nova humanidade
A mensagem viva do Cristo (Os quatro Evangelhos — tradução)
Rumo à consciência cósmica
O homem
Estratégias de Lúcifer
O homem e o Universo
Imperativos da vida
Profanos e iniciados
Novo Testamento
Lampejos evangélicos
O Cristo cósmico e os essênios
A experiência cósmica

Coleção Mistérios da Natureza:

Maravilhas do Universo
Alegorias
Ísis
Por mundos ignotos

Coleção Biografias:

Paulo de Tarso
Agostinho
Por um ideal — 2 vols. — autobiografia
Mahatma Gandhi — ilustrado
Jesus Nazareno — 2 vols.
Einstein — O enigma do Universo — ilustrado
Pascal — ilustrado
Myriam

Coleção Opúsculos:

Saúde e felicidade pela cosmo-meditação
Catecismo da filosofia
Assim dizia Mahatma Gandhi (100 pensamentos)
Aconteceu entre 2000 e 3000
Ciência, milagre e oração são compatíveis?
Centros de Auto-Realização

Sumário

O Objetivo, a filosofia e a missão da Editora Martin Claret

O principal objetivo da Martin Claret é contribuir para a difusão da educação e da cultura, por meio da democratização do livro, usando canais de comercialização habituais, além de criar novos.

A filosofia de trabalho da Martin Claret consiste em produzir livros de qualidade a um preço acessível, para que possam ser apreciados pelo maior número possível de leitores.

A missão da Martin Claret é conscientizar e motivar as pessoas a desenvolver e utilizar o seu pleno potencial espiritual, mental, emocional e social.

O livro muda as pessoas. Revolucione-se: leia mais para ser mais!

MARTIN CLARET

Relação dos Volumes Publicados

1. **Dom Casmurro** *Machado de Assis*
2. **O Príncipe** *Maquiavel*
3. **Mensagem** *Fernando Pessoa*
4. **O Lobo do Mar** *Jack London*
5. **A Arte da Prudência** *Baltasar Gracián*
6. **Iracema / Cinco Minutos** *José de Alencar*
7. **Inocência** *Visconde de Taunay*
8. **A Mulher de 30 Anos** *Honoré de Balzac*
9. **A Moreninha** *Joaquim Manuel de Macedo*
10. **A Escrava Isaura** *Bernardo Guimarães*
11. **As Viagens - "Il Milione"** *Marco Polo*
12. **O Retrato de Dorian Gray** *Oscar Wilde*
13. **A Volta ao Mundo em 80 Dias** *Júlio Verne*
14. **A Carne** *Júlio Ribeiro*
15. **Amor de Perdição** *Camilo Castelo Branco*
16. **Sonetos** *Luís de Camões*
17. **O Guarani** *José de Alencar*
18. **Memórias Póstumas de Brás Cubas** *Machado de Assis*
19. **Lira dos Vinte Anos** *Álvares de Azevedo*
20. **Apologia de Sócrates / Banquete** *Platão*
21. **A Metamorfose/Um Artista da Fome/Carta a Meu Pai** *Franz Kafka*
22. **Assim Falou Zaratustra** *Friedrich Nietzsche*
23. **Triste Fim de Policarpo Quaresma** *Lima Barreto*
24. **A Ilustre Casa de Ramires** *Eça de Queirós*
25. **Memórias de um Sargento de Milícias** *Manuel Antônio de Almeida*
26. **Robinson Crusoé** *Daniel Defoe*
27. **Espumas Flutuantes** *Castro Alves*
28. **O Ateneu** *Raul Pompéia*
29. **O Noviço / O Juiz de Paz da Roça / Quem Casa Quer Casa** *Martins Pena*
30. **A Relíquia** *Eça de Queirós*
31. **O Jogador** *Dostoiévski*
32. **Histórias Extraordinárias** *Edgar Allan Poe*
33. **Os Lusíadas** *Luís de Camões*
34. **As Aventuras de Tom Sawyer** *Mark Twain*
35. **Bola de Sebo e Outros Contos** *Guy de Maupassant*
36. **A República** *Platão*
37. **Elogio da Loucura** *Erasmo de Rotterdam*
38. **Caninos Brancos** *Jack London*
39. **Hamlet** *William Shakespeare*
40. **A Utopia** *Thomas More*
41. **O Processo** *Franz Kafka*
42. **O Médico e o Monstro** *Robert Louis Stevenson*
43. **Ecce Homo** *Friedrich Nietzsche*
44. **O Manifesto do Partido Comunista** *Marx e Engels*
45. **Discurso do Método / Meditações** *René Descartes*
46. **Do Contrato Social** *Jean-Jacques Rousseau*
47. **A Luta pelo Direito** *Rudolf von Ihering*
48. **Dos Delitos e das Penas** *Cesare Beccaria*
49. **A Ética Protestante e o Espírito do Capitalismo** *Max Weber*
50. **O Anticristo** *Friedrich Nietzsche*
51. **Os Sofrimentos do Jovem Werther** *Goethe*
52. **As Flores do Mal** *Charles Baudelaire*
53. **Ética a Nicômaco** *Aristóteles*
54. **A Arte da Guerra** *Sun Tzu*
55. **Imitação de Cristo** *Tomás de Kempis*
56. **Cândido ou o Otimismo** *Voltaire*
57. **Rei Lear** *William Shakespeare*
58. **Frankenstein** *Mary Shelley*
59. **Quincas Borba** *Machado de Assis*
60. **Fedro** *Platão*
61. **Política** *Aristóteles*
62. **A Viuvinha / Encarnação** *José de Alencar*
63. **As Regras do Método Sociológico** *Émile Durkheim*
64. **O Cão dos Baskervilles** *Sir Arthur Conan Doyle*
65. **Contos Escolhidos** *Machado de Assis*
66. **Da Morte / Metafísica do Amor / Do Sofrimento do Mundo** *Arthur Schopenhauer*
67. **As Minas do Rei Salomão** *Henry Rider Haggard*
68. **Manuscritos Econômico-Filosóficos** *Karl Marx*
69. **Um Estudo em Vermelho** *Sir Arthur Conan Doyle*
70. **Meditações** *Marco Aurélio*
71. **A Vida das Abelhas** *Maurice Materlinck*
72. **O Cortiço** *Aluísio Azevedo*
73. **Senhora** *José de Alencar*
74. **Brás, Bexiga e Barra Funda / Laranja da China** *Antônio de Alcântara Machado*
75. **Eugênia Grandet** *Honoré de Balzac*
76. **Contos Gauchescos** *João Simões Lopes Neto*
77. **Esaú e Jacó** *Machado de Assis*
78. **O Desespero Humano** *Sören Kierkegaard*
79. **Dos Deveres** *Cícero*
80. **Ciência e Política** *Max Weber*
81. **Satíricon** *Petrônio*
82. **Eu e Outras Poesias** *Augusto dos Anjos*
83. **Farsa de Inês Pereira / Auto da Barca do Inferno / Auto da Alma** *Gil Vicente*
84. **A Desobediência Civil e Outros Escritos** *Henry David Toreau*
85. **Para Além do Bem e do Mal** *Friedrich Nietzsche*
86. **A Ilha do Tesouro** *R. Louis Stevenson*
87. **Marília de Dirceu** *Tomás A. Gonzaga*
88. **As Aventuras de Pinóquio** *Carlo Collodi*
89. **Segundo Tratado Sobre o Governo** *John Locke*
90. **Amor de Salvação** *Camilo Castelo Branco*
91. **Broquéis/Faróis/Últimos Sonetos** *Cruz e Souza*
92. **I-Juca-Pirama / Os Timbiras / Outros Poemas** *Gonçalves Dias*
93. **Romeu e Julieta** *William Shakespeare*
94. **A Capital Federal** *Arthur Azevedo*
95. **Diário de um Sedutor** *Sören Kierkegaard*
96. **Carta de Pero Vaz de Caminha a El-Rei Sobre o Achamento do Brasil**
97. **Casa de Pensão** *Aluísio Azevedo*
98. **Macbeth** *William Shakespeare*

99. Édipo Rei/Antígona
Sófocles

100. Lucíola
José de Alencar

101. As Aventuras de Sherlock Holmes
Sir Arthur Conan Doyle

102. Bom-Crioulo
Adolfo Caminha

103. Helena
Machado de Assis

104. Poemas Satíricos
Gregório de Matos

105. Escritos Políticos / A Arte da Guerra
Maquiavel

106. Ubirajara
José de Alencar

107. Diva
José de Alencar

108. Eurico, o Presbítero
Alexandre Herculano

109. Os Melhores Contos
Lima Barreto

110. A Luneta Mágica
Joaquim Manuel de Macedo

111. Fundamentação da Metafísica dos Costumes e Outros Escritos
Immanuel Kant

112. O Príncipe e o Mendigo
Mark Twain

113. O Domínio de Si Mesmo pela Auto-Sugestão Consciente
Émile Coué

114. O Mulato
Aluísio Azevedo

115. Sonetos
Florbela Espanca

116. Uma Estadia no Inferno / Poemas / Carta do Vidente
Arthur Rimbaud

117. Várias Histórias
Machado de Assis

118. Fédon
Platão

119. Poesias
Olavo Bilac

120. A Conduta para a Vida
Ralph Waldo Emerson

121. O Livro Vermelho
Mao Tsé-Tung

122. Oração aos Moços
Rui Barbosa

123. Otelo, o Mouro de Veneza
William Shakespeare

124. Ensaios
Ralph Waldo Emerson

125. De Profundis / Balada do Cárcere de Reading
Oscar Wilde

126. Crítica da Razão Prática
Immanuel Kant

127. A Arte de Amar
Ovídio Naso

128. O Tartufo ou O Impostor
Molière

129. Metamorfoses
Ovídio Naso

130. A Gaia Ciência
Friedrich Nietzsche

131. O Doente Imaginário
Molière

132. Uma Lágrima de Mulher
Aluísio Azevedo

133. O Último Adeus de Sherlock Holmes
Sir Arthur Conan Doyle

134. Canudos - Diário de uma Expedição
Euclides da Cunha

135. A Doutrina de Buda
Siddharta Gautama

136. Tao Te Ching
Lao-Tsé

137. Da Monarquia / Vida Nova
Dante Alighieri

138. A Brasileira de Prazins
Camilo Castelo Branco

139. O Velho da Horta/Quem Tem Farelos?/Auto da Índia
Gil Vicente

140. O Seminarista
Bernardo Guimarães

141. O Alienista / Casa Velha
Machado de Assis

142. Sonetos
Manuel du Bocage

143. O Mandarim
Eça de Queirós

144. Noite na Taverna / Macário
Álvares de Azevedo

145. Viagens na Minha Terra
Almeida Garrett

146. Sermões Escolhidos
Padre Antonio Vieira

147. Os Escravos
Castro Alves

148. O Demônio Familiar
José de Alencar

149. A Mandrágora / Belfagor, o Arquidiabo
Maquiavel

150. O Homem
Aluísio Azevedo

151. Arte Poética
Aristóteles

152. A Megera Domada
William Shakespeare

153. Alceste/Electra/Hipólito
Eurípedes

154. O Sermão da Montanha
Huberto Rohden

155. O Cabeleira
Franklin Távora

156. Rubáiyát
Omar Khayyám

157. Luzia-Homem
Domingos Olímpio

158. A Cidade e as Serras
Eça de Queirós

159. A Retirada da Laguna
Visconde de Taunay

160. A Viagem ao Centro da Terra
Júlio Verne

161. Caramuru
Frei Santa Rita Durão

162. Clara dos Anjos
Lima Barreto

163. Memorial de Aires
Machado de Assis

164. Bhagavad Gita
Krishna

165. O Profeta
Khalil Gibran

166. Aforismos
Hipócrates

167. Kama Sutra
Vatsyayana

168. O Livro da Jângal
Rudyard Kipling

169. De Alma para Alma
Huberto Rohden

170. Orações
Cícero

171. Sabedoria das Parábolas
Huberto Rohden

172. Salomé
Oscar Wilde

173. Do Cidadão
Thomas Hobbes

174. Porque Sofremos
Huberto Rohden

175. Einstein: o Enigma do Universo
Huberto Rohden

176. A Mensagem Viva do Cristo
Huberto Rohden

177. Mahatma Gandhi
Huberto Rohden

178. A Cidade do Sol
Tommaso Campanella

179. Setas para o Infinito
Huberto Rohden

180. A Voz do Silêncio
Helena Blavatsky

181. Frei Luís de Sousa
Almeida Garrett

182. Fábulas
Esopo

183. Cântico de Natal/ Os Carrilhões
Charles Dickens

184. Contos
Eça de Queirós

185. O Pai Goriot
Honoré de Balzac

186. Noites Brancas e Outras Histórias
Dostoiévski

187. Minha Formação
Joaquim Nabuco

188. Pragmatismo
William James

189. Discursos Forenses
Enrico Ferri

190. Medéia
Eurípedes

191. Discursos de Acusação
Enrico Ferri

192. A Ideologia Alemã
Marx & Engels

193. Prometeu Acorrentado
Ésquilo

194. Iaiá Garcia
Machado de Assis

195. Discursos no Instituto dos Advogados Brasileiros / Discurso no Colégio Anchieta
Rui Barbosa

196. Édipo em Colono
Sófocles

197. A Arte de Curar pelo Espírito
Joel S. Goldsmith

198. Jesus, o Filho do Homem
Khalil Gibran

199. Discurso sobre a Origem e os Fundamentos da Desigualdade entre os Homens
Jean-Jacques Rousseau

200. Fábulas
La Fontaine

201. O Sonho de uma Noite de Verão
William Shakespeare

202. Maquiavel, o Poder
José Nivaldo Junior

203. Ressurreição
Machado de Assis

204. O Caminho da Felicidade
Huberto Rohden

205. A Velhice do Padre Eterno
Guerra Junqueiro

206. O Sertanejo
José de Alencar

207. Gitanjali
Rabindranath Tagore

208. Senso Comum
Thomas Paine

209. Canaã
Graça Aranha

210. O Caminho Infinito
Joel S. Goldsmith

211. Pensamentos
Epicuro

212. A Letra Escarlate
Nathaniel Hawthorne

213. Autobiografia
Benjamin Franklin

214. Memórias de Sherlock Holmes
Sir Arthur Conan Doyle

215. O Dever do Advogado / Posse de Direitos Pessoais
Rui Barbosa

216. O Tronco do Ipê
José de Alencar

217. O Amante de Lady Chatterley
D. H. Lawrence

218. Contos Amazônicos
Inglês de Souza

219. A Tempestade
William Shakespeare

220. Ondas
Euclides da Cunha

221. Educação do Homem Integral
Huberto Rohden

222. Novos Rumos para a Educação
Huberto Rohden

223. Mulherzinhas
Louise May Alcott

224. A Mão e a Luva
Machado de Assis

225. A Morte de Ivan Ilicht / Senhores e Servos
Leon Tolstói

226. Álcoois e Outros Poemas
Apollinaire

227. Pais e Filhos
Ivan Turguêniev

228. Alice no País das Maravilhas
Lewis Carroll

229. À Margem da História
Euclides da Cunha

230. Viagem ao Brasil
Hans Staden

231. O Quinto Evangelho
Tomé

232. Lorde Jim
Joseph Conrad

233. Cartas Chilenas
Tomás Antônio Gonzaga

234. Odes Modernas
Anntero de Quental

235. Do Cativeiro Babilônico da Igreja
Martinho Lutero

236. O Coração das Trevas
Joseph Conrad

237. Thais
Anatole France

238. Andrômaca / Fedra
Racine

239. As Catilinárias
Cícero

240. Recordações da Casa dos Mortos
Dostoiévski

241. O Mercador de Veneza
William Shakespeare

242. A Filha do Capitão / A Dama de Espadas
Aleksandr Púchkin

243. Orgulho e Preconceito
Jane Austen

244. A Volta do Parafuso
Henry James

245. O Gaúcho
José de Alencar

246. Tristão e Isolda
Lenda Medieval Celta de Amor

247. Poemas Completos de Alberto Caeiro
Fernando Pessoa

248. Maiakósvski
Vida e Poesia

249. Sonetos
William Shakespeare

250. Poesia de Ricardo Reis
Fernando Pessoa

251. Papéis Avulsos
Machado de Assis

252. Contos Fluminenses
Machado de Assis

253. O Bobo
Alexandre Herculano

254. A Oração da Coroa
Demóstenes

255. O Castelo
Franz Kafka

256. O Trovejar do Silêncio
Joel S. Goldsmith

257. Alice na Casa dos Espelhos
Lewis Carrol

258. Miséria da Filosofia
Karl Marx

259. Júlio César
William Shakespeare

260. Antônio e Cleópatra
William Shakespeare

261. Filosofia da Arte
Huberto Rohden

262. A Alma Encantadora das Ruas
João do Rio

263. A Normalista
Adolfo Caminha

264. Pollyanna
Eleanor H. Porter

265. As Pupilas do Senhor Reitor
Júlio Diniz

266. As Primaveras
Casimiro de Abreu

267. Fundamentos do Direito
Léon Duguit

268. Discursos de Metafísica
G. W. Leibniz

269. Sociologia e Filosofiia
Émile Durkheim

270. Cancioneiro
Fernando Pessoa

271. A Dama das Camélias
Alexandre Dumas (filho)

272. O Divórcio / As Bases da Fé / e outros textos
Rui Barbosa

273. Pollyanna Moça
Eleanor H. Porter

274. O 18 Brumário de Luís Bonaparte
Karl Marx

275. Teatro de Machado de Assis
Antologia

276. Cartas Persas
Montesquieu

277. Em Comunhão com Deus
Huberto Rohden

278. Razão e Sensibilidade
Jane Austen

279. Crônicas Selecionadas
Machado de Assis

280. Histórias da Meia-Noite
Machado de Assis

281. Cyrano de Bergerac
Edmond Rostand

282. O Maravilhoso Mágico de Oz
L. Frank Baum

283. Trocando Olhares
Florbela Espanca

284. O Pensamento Filosófico da Antiguidade
Huberto Rohden

285. Filosofia Contemporânea
Huberto Rohden

286. O Espírito da Filosofia Oriental
Huberto Rohden

287. A Pele do Lobo / O Badejo / o Dote
Artur Azevedo

288. Os Bruzundangas
Lima Barreto

289. A Pata da Gazela
José de Alencar

290. O Vale do Terror
Sir Arthur Conan Doyle

291. O Signo dos Quatro
Sir Arthur Conan Doyle

292. As Máscaras do Destino
Florbela Espanca

293. A Confissão de Lúcio
Mário de Sá-Carneiro

294. Falenas
Machado de Assis

295. O Uraguai / A Declamação Trágica
Basílio da Gama

296. Crisálidas
Machado de Assis

297. Americanas
Machado de Assis

298. A Carteira de Meu Tio
Joaquim Manuel de Macedo

299. Catecismo da Filosofia
Huberto Rohden

301. Rumo à Consciência Cósmica
Huberto Rohden

302. COSMOTERAPIA
Huberto Rohden

303. BODAS DE SANGUE
Federico García Lorca

304. DISCURSO DA SERVIDÃO VOLUNTÁRIA
Étienne de la Boétie

305. CATEGORIAS
Aristóteles

306. MANON LESCAUT
Abade Prévost

307. TEOGONIA / TRABALHOS E DIAS
Hesíodo

308. AS VÍTIMAS ALGOZES
Joaquim Manuel de Macedo

309. PERSUASÃO
Jane Austen

SÉRIE OURO
(Livros com mais de 400 p.)

1. LEVIATÃ
Thomas Hobbes

2. A CIDADE ANTIGA
Fustel de Coulanges

3. CRÍTICA DA RAZÃO PURA
Immanuel Kant

4. CONFISSÕES
Santo Agostinho

5. OS SERTÕES
Euclides da Cunha

6. DICIONÁRIO FILOSÓFICO
Voltaire

7. A DIVINA COMÉDIA
Dante Alighieri

8. ÉTICA DEMONSTRADA À MANEIRA DOS GEÔMETRAS
Baruch de Spinoza

9. DO ESPÍRITO DAS LEIS
Montesquieu

10. O PRIMO BASÍLIO
Eça de Queirós

11. O CRIME DO PADRE AMARO
Eça de Queirós

12. CRIME E CASTIGO
Dostoiévski

13. FAUSTO
Goethe

14. O SUICÍDIO
Émile Durkheim

15. ODISSÉIA
Homero

16. PARAÍSO PERDIDO
John Milton

17. DRÁCULA
Bram Stocker

18. ILÍADA
Homero

19. AS AVENTURAS DE HUCKLEBERRY FINN
Mark Twain

20. PAULO – O 13º APÓSTOLO
Ernest Renan

21. ENEIDA
Virgílio

22. PENSAMENTOS
Blaise Pascal

23. A ORIGEM DAS ESPÉCIES
Charles Darwin

24. VIDA DE JESUS
Ernest Renan

25. MOBY DICK
Herman Melville

26. OS IRMÃOS KARAMAZOVI
Dostoiévski

27. O MORRO DOS VENTOS UIVANTES
Emily Brontë

28. VINTE MIL LÉGUAS SUBMARINAS
Júlio Verne

29. MADAME BOVARY
Gustave Flaubert

30. O VERMELHO E O NEGRO
Stendhal

31. OS TRABALHADORES DO MAR
Victor Hugo

32. A VIDA DOS DOZE CÉSARES
Suetônio

34. O IDIOTA
Dostoiévski

35. PAULO DE TARSO
Huberto Rohden

36. O PEREGRINO
John Bunyan

37. AS PROFECIAS
Nostradamus

38. NOVO TESTAMENTO
Huberto Rohden

39. O CORCUNDA DE NOTRE DAME
Victor Hugo

40. ARTE DE FURTAR
Anônimo do século XVII

41. GERMINAL
Émile Zola

42. FOLHAS DE RELVA
Walt Whitman

43. BEN-HUR — UMA HISTÓRIA DOS TEMPOS DE CRISTO
Lew Wallace

44. OS MAIAS
Eça de Queirós

45. O LIVRO DA MITOLOGIA
Thomas Bulfinch

46. OS TRÊS MOSQUETEIROS
Alexandre Dumas

47. POESIA DE ÁLVARO DE CAMPOS
Fernando Pessoa

48. JESUS NAZARENO
Huberto Rohden

49. GRANDES ESPERANÇAS
Charles Dickens

50. A EDUCAÇÃO SENTIMENTAL
Gustave Flaubert

51. O CONDE DE MONTE CRISTO (VOLUME I)
Alexandre Dumas

52. O CONDE DE MONTE CRISTO (VOLUME II)
Alexandre Dumas

53. OS MISERÁVEIS (VOLUME I)
Victor Hugo

54. OS MISERÁVEIS (VOLUME II)
Victor Hugo

55. DOM QUIXOTE DE LA MANCHA (VOLUME I)
Miguel de Cervantes

56. DOM QUIXOTE DE LA MANCHA (VOLUME II)
Miguel de Cervantes

58. CONTOS ESCOLHIDOS
Artur Azevedo

59. AS AVENTURAS DE ROBIN HOOD
Howard Pyle